© Verlag
Zabert Sandmann GmbH,
München
1. Auflage 1999
ISBN 3-932023-13-7

Redaktion Gertrud Köhn

Gestaltung/DTP Werner Kopp

Umschlaggestaltung Georg Feigl
Werner Kopp

Herstellung Karin Mayer
Peter Karg-Kordes

Lithografie inteca Media Service GmbH, Rosenheim

Druck Neue Stalling, Oldenburg

KRÄUTER & GEWÜRZE

DIE KLEINE SCHULE

Geschichte, Anbau, Verwendung, Heilkraft

MONIKA KELLERMANN

ZABERT SANDMANN

Vorwort

Kräuter spielten von alters her in der Küche der Griechen, Ägypter und Römer eine bedeutende Rolle. In unseren Regionen verordnete Karl der Große 812 den Anbau von verschiedenen Gewürzkräutern, und die Benediktinerin Hildegard von Bingen erforschte mit großer Hingabe die Heilwirkung der Kräuter. Im 16. Jahrhundert gaben Ärzte den Köchen Empfehlungen, wie sie mit Hilfe von Kräutern die Speisen bekömmlicher machen können.

Was die Kräuterexperten von damals durch Beobachtung und Intuition herausfanden, ist heute wissenschaftlich erwiesen. Die ätherischen Öle, Vitamine, Mineral- und Bitterstoffe der Kräuter wirken sich wohltuend und gesundheitsfördernd auf den Menschen aus. Kräuter lassen nicht nur das Wasser im Mund zusammenlaufen, sie unterstützen auch die Verdauung.

Das gleiche gilt für die Gewürze: Ohne die Aromen der Blüten, Früchte, Wurzeln oder Rinden aus allen Ländern der Welt wäre das kulinarische Leben nur halb so interessant und auch weniger gesund. Die Geschichte des Gewürzhandels ist abenteuerlich und spannend wie ein Krimi. Zahlreiche Kriege wurden wegen des Gewürzhandels geführt, denn Gewürze waren nicht nur als Gaumenschmaus begehrt, sondern auch Zahlungsmittel und sie dienten wie noch heute zu medizinischen und kosmetischen Zwecken.

»Die kleine Schule« möchte in die zauberhafte Welt der Kräuter und Gewürze entführen. Sie informiert über ihre Herkunft, den richtigen Umgang mit ihnen, die optimale Dosierung, die gesundheitliche Wirkung, und sie gibt wertvolle Tips zum erfolgreichen Anbau von Kräutern sowie Hinweise, wo man Wildkräuter am besten sammelt.

»Die kleine Schule« zeigt, wie man Kräuter und Gewürze geschmacklich in Szene setzt, wo man sie am besten verwendet, mit welchen Nahrungsmitteln sie optimal harmonieren, wie man sie schonend konserviert, und sie berät über Einkauf und Lagerung.

Kochen ohne Kräuter und Gewürze ist undenkbar, das kulinarische Leben wäre ganz schön karg. Deshalb: Viel Spaß auf der Entdeckungsreise mit Kräutern und Gewürzen.

Inhalt

Tropicus Capricorni
EL MAR PACIFICO
TERRA AUSTRALIS
MAGAL
1519

Die Welt der Kräuter

Für jedes Gericht ist ein Kraut gewachsen, für den Geschmack und die Gesundheit. Die meisten Kräuter verleihen den Speisen aber nicht nur eine raffinierte Note und fördern die Bekömmlichkeit, sie verhelfen den Gerichten auch optisch zu einem starken Auftritt. Aus diesen Gründen schwören heute immer mehr Profi- und Hobbyköche auf den eigenen Kräutergarten, auch wenn er nur auf dem Balkon oder der Fensterbank Platz hat. Hauptsache, man kann die Kräuter frisch ernten. Dabei ist die Kräuterküche alles andere als eine neue Erfindung, sie hat eine lange Tradition.

Die Kräuterküche

Ein Arzt beim Auswählen von Kräutern in einem mittelalterlichen Kräutergarten (Buchmalerei, um 1400).

Als die Menschen das Kochen entdeckten, waren vermutlich auch duftende Kräuter im Spiel. Lange Zeit schätzte man jedoch den gesundheitlichen Wert der aromatischen Blätter weit höher als ihren feinen Geschmack. Heute verbindet man Genuß und gesundheitliche Wirkung getreu dem Sprichwort: Ein guter Koch ist auch ein guter Arzt.

Es begann in den Klöstern

Die Kenntnisse über den Anbau und die Verwendung von Kräutern ist Jahrtausende alt. Griechische Autoren berichten über Kräuterkulturen in Kleinasien, Ägypten und Griechenland. Zu Beginn unserer Zeitrechnung gab es bereits zahlreiche Werke, die Kräuter und teilweise sogar ihren Anbau beschrieben. Die Römer übernahmen die Kenntnisse von den Griechen und brachten das Wissen auf ihren Eroberungszügen in den Norden. Nach dem Ende der Römerzeit sammelten die Benediktiner alles verfügbare Wissen der Antike. In botanischer Sicht gipfelte dieses Wissen im neunten Jahrhundert im Klosterplan von St. Gallen. Darin ist erstmalig der Küchen- vom Heilkräutergarten getrennt. Neben Kräutern, die bei uns heute kaum mehr eine Rolle spielen, sind Bohnenkraut, Bockshornklee, Kreuzkümmel, Fenchel, Liebstöckel, Minze, Rose, Rosmarin, Weinraute und Salbei darin erwähnt. Gefragt waren besonders bittere Kräuter oder Gärkräuter, aus denen Wermut hergestellt wurde. Duftende Kräuter, wie zum Beispiel Rauke, streute man zur Desinfektion in den Speisesaal. Die meisten Kräuter wurden ihrer Heilwirkung wegen geschätzt: Sie linderten Schmerzen, beruhigten oder desinfizierten.

Petersilie. Darstellung aus dem Ende des 14. Jahrhunderts (Hausbuch der Cerruti).

Die Kräuterwelt bekommt Zuwachs
Im 16. Jahrhundert machte sich ein Wandel in den europäischen Gärten bemerkbar. Die Seefahrer brachten von ihren Handelsfahrten nach Indien, China und Amerika neben den begehrten Gewürzen auch neue, seltsame Kräuter mit. Bald gediehen in den Gärten verschiedenste Pflanzen, die häufig nicht mal Namen hatten. Naturwissenschaftler und Mediziner waren voller Enthusiasmus, denn sie sahen darin eine Chance im Kampf gegen die Krankheiten. Es wurde unermüdlich geforscht und studiert mit dem Ziel, gegen jede Krankheit ein passendes Kräutlein zu finden. In Paris legte man 1626 nur für die Ärzte des Königs den Jardin du Roi, einen ausgedehnten Kräutergarten, an.

Kräuter als Sieger über die Gewürze
Mit Kräutern brachten arme Leute – mit Ausnahme von Adel und Klerus fast alle – Geschmack an ihre Getreidegerichte. Im Mittelalter bereitete man in Frankreich Salat aus Estragon, Pimpernell, Sauerampfer, Borretsch, Rauke und Blüten zu. Für ein Ragout brauchte man Rosmarin, Majoran, Basilikum, Lorbeerblätter, Salbei, Petersilie, Feldthymian oder Quendel, Ysop, Myrte und Orange. Frankfurts berühmte grüne Sauce ist ebenfalls eine Kreation aus dieser Zeit. Man dickte die Kräutersauce mit Brot an und schmeckte mit Essig ab. Die Reichen dagegen gaben an ihr Fleisch die teuer erstandenen Gewürze. Nach der Entdeckung der Gewürzstraße sank gegen Ende des 15. Jahrhunderts der Preis für Gewürze. Damit schwand auch das Interesse der Oberschicht daran, Gewürze waren nichts Besonderes mehr, sie gehörten zum Alltag. Im 17. Jahrhundert fand ein Umdenken statt: Nachdem Gewürze lange Zeit den Gaumen betäubt hatten, sollte jetzt das zarte Aroma der Kräuter den Geschmack der Speisen sanft unterstreichen. Eine neue Ära der Kräuterküche begann, sie dauert bis heute.

Der Lorbeerkrämer und das Kräuterweib in Wien (Aquatintaradierung, um 1810).

Die sinnliche Kraft der Kräuter
Der Glaube an die aphrodisierende Wirkung von Kräutern ist so alt wie das Wissen um ihre Heilkraft. Die Autoren des Mittelalters beschäftigten sich intensiv damit, welche Pflanzen das Liebesspiel anregen und welche sich eher hemmend auswirken.
Ein Büschel Zitronenkraut unter dem Bett plaziert sollte die körperliche Vereinigung anregen und Rosmarin ein probates Mittel gegen Herzklopfen Verliebter sein. Jungen Paaren wurde Petersilienwein verabreicht, und arabische Liebhaber schwörten auf die potenzfördernde Wirkung der Minze. Lauch, Pistazien, Spargel und sogar Kartoffeln sollten zur Liebe anstacheln. »Zur Lüsternheit« anregen sollten ganz besonders die Speisen zur Fastenzeit: dicke und grüne Bohnen, Kichererbsen, Erbsen, Zwiebeln, Walnüsse, Austern, Feigen, Trauben, Heringe, Salate. Sammelt man die Ratschläge sämtlicher Autoren, so entsteht bald der Eindruck, daß jedes pflanzliche Produkt je nach Lage der Dinge das Verlangen anregen oder dämpfen könne. Der Grund für diese Sorge um das Funktionieren des Geschlechtslebens mag darin liegen, daß das Leben der Menschen kurz war. Zahnlose, kahlköpfige Greise waren meist kaum vierzig Jahre alt.

Frische Kräuter für das Wohlbefinden

Mit Kräutern gewürzte Speisen sehen appetitlicher aus, schmecken aromatischer und sind gesünder. Sie machen Lust aufs Essen, beruhigen, entschlacken und sorgen für Bekömmlichkeit. Die Auswahl ist riesig, als wäre für jeden Geschmack ein Kraut gewachsen.

Frische Kräuter duften intensiv, regen den Appetit an und sorgen für Bekömmlichkeit.

Zeitgeist mit Tradition

In Streifen geschnittene Basilikumblätter verfeinern Tomaten und mildern ihre Säure. Kräutersaucen machen gedämpften oder gegrillten Fisch aromatischer, und frisches, gehacktes Korianderkraut bringt das typische asiatische Aroma mit. Kochen mit Kräutern liegt derzeit zwar im Trend, aber es ist bei weitem keine Erfindung moderner Köche. Schon unsere Ahnen wußten um die Kraft der Kräuter und verstanden es, mit duftenden, appetitanregenden Süppchen Kranke wieder auf die Beine zu bringen. Sie entschärften blähende Gerichte mit verdauungsfördernden Gewürzen und vertrauten bei empfindlichem Magen auf die beruhigende Wirkung von Salbei.

Kräuter bei Bedarf nur kurz abbrausen.

Kräuter statt Salz

Wer verschwenderisch mit Kräutern umgeht, muß seltener zum Salzfaß greifen – sehr zum Wohle von Herz und Kreislauf. Mit Kräutern gewürzte Gerichte duften intensiver, sehen lecker aus und machen Lust auf Genuß. Wegen ihres hohen Mineralstoff- und Vitamingehalts leisten Kräuter einen wichtigen Beitrag zur gesunden Ernährung.
Wie wichtig Kräuter für die Gesundheit der Menschen sind, wußte man schon in der Antike. Einige der damals geschätzten Eigenschaften sind heute allerdings nicht mehr von Bedeutung – wer würde zum Beispiel Rucola ins Eßzimmer werfen, um es zu desinfizieren? Ihre verdauungsfördernde Wirkung hingegen ist heute genauso geschätzt wie damals.

Damit die wertvollen Inhaltsstoffe nicht baden gehen …

… sollte man Kräuter nur waschen, wenn es unbedingt erforderlich ist. Kräuter immer unzerteilt waschen oder abbrausen und in einem Tuch trockenschütteln oder mit Küchenpapier trockentupfen.
Je frischer die Kräuter, desto aromatischer und gehaltvoller sind sie. Deshalb Kräuter auf dem Balkon oder im Garten erst bei Bedarf ernten.

Fit mit Kräutern

Bärlauch: Schmeckt nach Knoblauch und wirkt auch so, nämlich blutdrucksenkend und herzstärkend.

Basilikum: Regt den Appetit an, besänftigt Magen und Darm und unterstützt die Fettverdauung.

Beifuß: Das bittere Kraut macht fette und schwere Speisen leichter verdaulich.

Bohnenkraut: Macht schwerverdauliche Gerichte bekömmlicher.

Borretsch: Seine schweiß- und harntreibende Wirkung unterstützt zugleich die Blutreinigung.

Brennessel: Wirkt sich positiv auf die Blutbildung aus und entwässert. Ideal für die Frühjahrskur.

Brunnenkresse: Das scharfwürzige Kraut ist ideal für die Frühjahrskur: Es reinigt das Blut, regt den Stoffwechsel an und entschlackt.

Dill: Beruhigt die Nerven, lindert Verdauungsstörungen.

Estragon: Die feinbitteren Aromen regen die Gallentätigkeit an und unterstützen so die Verdauung.

Kerbel: Das Frühlingskraut für die Frühjahrskur: Es fördert den Stoffwechsel und entschlackt.

Koriandergrün: Löst Verkrampfungen im Magen-Darm-Bereich und lindert Völlegefühl.

Liebstöckel: Die auch unter dem Namen »Maggikraut« bekannte Pflanze regt die Verdauung an und hilft bei Sodbrennen.

Minze: Die frischwürzige Minze wirkt schmerzlindernd bei Magen- und Darmbeschwerden. Als Tee zubereitet, ist sie ein bewährtes Hausmittel bei Blähungen und Krämpfen.

Majoran: Stärkt den Magen und beruhigt die Nerven.

Oregano: Macht Appetit und unterstützt die Verdauung.

Portulak: Regt die Darm- und Nierentätigkeit auf sanfte Weise an.

Petersilie: Das stark Vitamin-C-haltige Kraut regt den Appetit und die Nierentätigkeit an.

Pimpinelle (Pimpernell): Sie ist reich an Vitaminen und macht Appetit.

Rucola (Rauke): Das würzig-scharfe Kraut ist harntreibend und fördert die Verdauung.

Rosmarin: Die kampferähnlichen ätherischen Öle helfen bei der Fettverdauung und regen den Kreislauf an.

Salbei: Die samtigen Salbeiblätter wirken nicht nur antibakteriell, sondern auch heilend, vor allem auf die Schleimhäute. Deshalb hilft Salbeitee bei Erkrankungen der Atemwege.

Sauerampfer: Wirkt blutreinigend. Die enthaltene Oxalsäure kann bei Genuß größerer Mengen zu Erbrechen und Durchfall führen.

Schnittlauch: Enthält viel Vitamin C und regt den Appetit an.

Thymian: Unterstützt die Magen- und Darmtätigkeit, wirkt krampflösend. Thymiantee lindert Bronchitis.

Waldmeister: Beruhigt schwache Nerven und fördert den Schlaf. Vorsicht: Nur in kleinen Mengen genießen, zuviel führt zu Kopfschmerzen.

Zitronenmelisse: Hilft bei Schlaflosigkeit und Blähungen.

Tips für Hobbygärtner

Mit Kräutern bepflanzte Blumentöpfe, Hängeampeln, Balkonkästen, Terrakottakübel oder auch kleine, hübsch angelegte Kräutergärten sind immer eine Augenweide. Und nebenbei leisten sie einen wichtigen Beitrag, um die Speisen appetitlich, gesund und abwechslungsreich zu machen.

Mehrjährige Kräuter werden in der Regel höher als einjährige.

Einen Kräutergarten anlegen

Voraussetzung für das optimale Gedeihen der meisten Kräuter ist ein sonniger und windgeschützter Platz, bevorzugt natürlich in Küchennähe, damit die Wege zum Ernten nicht zu weit sind. Fast alle Kräuter lieben einen humushaltigen, lockeren Gartenboden, der während des Jahres ab und zu sparsam gedüngt werden darf. Manche Kräuter, wie Kümmel oder Beifuß, mögen überhaupt keinen zusätzlichen Dünger. Kräuter mit einem hohen Anteil an ätherischen Ölen entwickeln auf stickstoffreichen Böden weniger Aromastoffe, sie »schießen« lediglich ins Kraut. Sinnvoll ist es, die winterharten, mehrjährigen Kräuter in die Mitte eines Beetes oder an den hinteren Rand zu setzen, da sie längere Zeit nicht umgesetzt und häufig auch viel höher werden als einjährige Pflanzen. Ob man die Kräuter ungestört wachsen läßt oder sie durch Platten oder Steine voneinander trennt, ist eine reine Anschauungssache.

Immer erntefrisch: Kräuter auf dem Balkon oder Fensterbrett.

Praktisch sind geometrisch angelegte Würzkräutergärten nach dem Vorbild alter Klostergärten.
Bei Platzmangel empfiehlt sich eine Kräuterspirale: Dafür werden größere und kleinere Steine in Spiralen aufeinandergeschichtet, die Zwischenräume mit Erde gefüllt und mit Kräutern bepflanzt. Auf diese Weise spart man nicht nur Platz, sondern kann auch sehr gut auf die unterschiedlichen Standortansprüche der Pflanzen eingehen: Vom Feuchtbiotop im unteren Teil bis zur sandigen, sonnigen Trockenlage im oberen Teil ist alles möglich.
Geduldige Hobbygärtner säen die Kräuter aus, schneller und unproblematischer ist es, Jungpflanzen zu kaufen und einzupflanzen.

Kräutergarten auf dem Balkon
Auch wenn man keinen eigenen Garten hat, auf frisch geerntete Kräuter muß man dennoch nicht verzichten. Ein Blumenkasten oder ein Pflanzkübel findet selbst auf dem kleinsten Balkon und der winzigsten Terrasse Platz, um stets aromatische Kräuter griffbereit zu haben. Wichtig für das Gedeihen der meisten Kräuter ist es, daß sie einen möglichst windgeschützten und sonnigen Platz bekommen und in gute Kompost- oder Gartenerde gepflanzt werden. Kräuter in Pflanzbehältern brauchen mehr Aufmerksamkeit als Kräuter im Garten. Da sie weniger Erde zur Verfügung haben, muß man sie häufiger gießen und zwischendurch immer wieder düngen. Je kleiner die Töpfe sind, um so schneller trocknet die Erde aus. Kübel und Töpfe am besten auf zwei Dachlatten oder Terrakottafüßchen stellen, damit die Abzugslöcher freibleiben und Staunässe verhindert wird. Wenn man die Blüten zwischendurch immer wieder abknipst, bekommen die Blätter den Pflanzensaft ab und sind aromatischer. Hübsch sehen Kräuter auch in Hängeampeln aus. Dafür jedoch nur Kräuter auswählen, die robust sind und Wind und Zugluft aushalten können, wie Thymian, Rosmarin oder Kapuzinerkresse.
Im Spätherbst die Pflanztröge mit den winterharten Pflanzen an einen geschützten Ort in Hausnähe stellen. Pflanzen müssen auch im Winter regelmäßig gegossen werden, wenn der Boden nicht gefroren ist. Die meisten Pflanzen, die den Winter nicht überstehen, erfrieren nicht, sondern vertrocknen.

Kräutertöpfe in der Küche
Platz für Kräuter ist in der kleinsten Küche, vorausgesetzt, sie besitzt ein Fenster, denn die meisten Kräuter lieben Sonne. Die Pflanzgefäße sollten genügend Abzugslöcher haben. Dafür am besten den Boden der Töpfe – dies gilt auch für Pflanzen auf Balkon oder Terrasse – mit Kieselsteinen oder Tonscherben füllen, darauf sandige Gartenerde verteilen, den Rest mit Pflanzerde auffüllen. Auf diese Weise kann das Wasser gut abfließen, Staunässe wird vermieden, und die Wurzeln können sich besser entfalten.
Regelmäßiges Gießen und Zurechtschneiden der jungen Triebe garantieren eine üppige Ernte.
Am besten gedeihen im Zimmer: Basilikum, Bohnenkraut, Borretsch, Dill, Estragon, Kerbel, Kresse, Majoran, Petersilie, Rosmarin, Salbei, Sauerampfer, Schnittlauch, Thymian und Melisse.

Gute Nachbarn
Beim Bepflanzen von Kübeln ist es ratsam, Kräuter mit gleichen Standortansprüchen zusammenzustellen. Gut vertragen sich Basilikum, Majoran, Petersilie und Schnittlauch. Kerbel gedeiht neben Petersilie gut. Aber auch Bohnenkraut, Oregano, Zitronenmelisse, Pimpinelle, Rosmarin, Salbei und Thymian harmonieren bestens. In einem großen Pflanzkasten kann man hochwachsende Kräuter, wie Estragon, Liebstöckel und Sauerampfer, gut miteinander kombinieren.
Einige Kräuter vertragen sich überhaupt nicht, wie zum Beispiel Petersilie und Minze. Und Schnittlauch fühlt sich alleine im Topf am wohlsten.

Balkonkräuter brauchen je nach Größe der Pflanzgefäße mehr oder weniger Wasser.

Konservieren – dem Aroma zuliebe

Kräuter in Essig oder Öl eingelegt sorgen das ganze Jahr über für feines Aroma im Salat und sind ein sehr individuelles Geschenk.

Vorräte anzulegen liegt in der Natur der Menschen. Früher wurden Kräuter getrocknet und in Öl oder Essig eingelegt, damit man auch im kräuterarmen Winter bestens versorgt war. Im Zeitalter moderner Technik und schneller Transportwege ist dies nicht mehr nötig, denn man bekommt beinahe das ganze Jahr hindurch frische Kräuter. Oder man kann auf Tiefkühl- oder industriell getrocknete Ware zurückgreifen. Doch es macht zweifellos Spaß, seine selbstgeernteten Kräuter zu konservieren. Außerdem schmekken selbstkomponierte Kräuteröle, Kräuteressige oder Teemischungen wirklich einzigartig und sind immer ein sehr persönliches Geschenk.

Das Trocknen von Kräutern lohnt sich eigentlich kaum. Hier sollte man besser auf die im Handel angebotenen getrockneten Kräuter zurückgreifen, denn die Industrie verfügt über technische Möglichkeiten, mit denen die feinen Aromen der Kräuter schonend konserviert werden können. Übrigens: gefriergetrocknete Ware hat das meiste Aroma.

Erntezeit für Kräuter

Kurz vor der Blüte haben Kräuter das beste Aroma. Botaniker geben außerdem den Rat, möglichst am frühen Vormittag, sobald der Morgentau abgetrocknet ist, zu ernten. Wer nun den Schnittlauch aber erst am Abend aufs Brot streuen möchte, sollte ihn dennoch erst kurz vor dem Verwenden abschneiden, denn frisch geschnitten sind Kräuter am aromatischsten.

Geschnittene Kräuter aus dem Supermarkt am besten im Kühlschrank aufbewahren. Dafür eine Plastiktüte mit Wasser ausspülen, die Kräuter hineingeben und locker verschließen. Auf diese Weise bleiben die Kräuter einige Tage frisch. Für kurzzeitige Lagerung kann man den Kräuterbund auch in ein Wasserglas stellen, wobei nur die Stiele mit Wasser bedeckt sein sollten. Innerhalb von ein bis zwei Tagen verbrauchen, denn die Kräuter faulen rasch.

Kräuter trocknen

Es gibt Kräuter, die sich weniger zum Trocknen eignen, wie Basilikum, Kerbel oder Schnittlauch. Andere wieder entwickeln dadurch erst ihr volles Aroma, beispielsweise Lorbeerblätter oder Majoran, Thymian, Rosmarin und Minze.
So wird's gemacht:

Die Kräuter nur wenn nötig waschen, besser gut ausschütteln. Einige Stengel zusammenbinden und an einem warmen, trockenen und luftigen Platz aufhängen. Gut geeignet sind Dachböden, weniger die Küche, da dort die Luft oft feucht ist. Zum Schutz vor Staub stülpt man eine perforierte Papiertüte über die Kräuter. Sobald sie durch und durch trocken sind – dann rascheln sie – streift man die Blätter von den Stielen und schichtet sie in ein luftdicht schließendes, dunkles Glas mit Schraubverschluß. Die getrockneten Kräuter nach Sorten getrennt in Gläser geben oder Mischungen zusammenstellen, wie beispielsweise Kräuter der Provence. Falls sich im Glas Kondensflüssigkeit sammelt, die Kräuter noch einmal nachtrocknen lassen, sonst bildet sich Schimmel. Kräuter besser nicht im Backofen oder in der Mikrowelle trocknen. Das Aroma leidet darunter. Getrocknete Kräuter sind auch als Tee sehr beliebt, allen voran Zitronenmelisse, Minze, Salbei, Thymian oder Mischungen daraus.

Kräuter einfrieren

Manche Kräuter überstehen einen Winterschlaf ohne allzu große Aromaeinbußen, wie Petersilie, Dill, Basilikum, Estragon, Schnittlauch, Melisse und Thymian. Am besten bewährt hat sich das Einfrieren in Eiswürfelbehältern. Die fein gehackten Kräuter einzeln oder gemischt in Eiswürfelbehälter geben – die Behälter nur zu zwei Dritteln füllen –, etwas Wasser angießen und einfrieren. Die gefrorenen Würfel herauslösen und in Tiefkühldosen oder -beutel umfüllen. So hat man Kräuter rasch portionsweise zur Hand. Petersilie und Dill kann man auch im Bund einfrieren, gefroren zerbröseln und in Schraubgläser oder Tiefkühldosen füllen.

Kräuter in Essig oder Öl einlegen

Wer auch im Winter den Kräuterduft im Salat nicht missen möchte, der sollte die Pflanzen ernten, wenn sie am aromatischsten sind, und in ein Essig- oder Ölbad legen. Dafür die Stiele der Kräuter leicht zerdrücken und in eine gut gesäuberte Glasflasche stecken. Den Essig oder das Öl leicht anwärmen und darüber gießen. Verschließen und mindestens drei Wochen an einem warmen, sonnigen Platz »reifen« lassen. Nach der Reifezeit Öl oder Essig abgießen, die ausgelaugten Kräuter durch neue ersetzen, und alles noch eine weitere Woche durchziehen lassen. Dann Essig oder Öl durch ein Sieb gießen, in eine schöne Flasche umfüllen und mit einem Etikett versehen. In Essig kann man zur Dekoration noch einen schönen Kräuterzweig geben. Gelungene Kräuter-Essig-Kombinationen sind: Apfelessig mit roter Apfelschale und Apfelminze, Weißweinessig mit Estragon, Sherryessig mit Thymian und Knoblauch, Rotweinessig mit Schalotten und Rosmarin sowie Weißweinessig mit Schalotten und Bohnenkraut.
Zum Aromatisieren eignen sich am besten geschmacksneutrale Öle, wie Sonnenblumen-, Raps- oder Distelöl, aber auch zartfruchtiges Olivenöl. Einen köstlichen Geschmack geben Basilikum, Thymian, Rosmarin, Bohnenkraut oder Knoblauch an das Öl. Wenn man Knoblauchzehen zu Kräutern gibt, sollte man diese nach etwa einer Woche Reifezeit entfernen, da sie sonst das feine Kräuteraroma überdecken.

Kräuter trocknen am besten an einem warmen, luftigen und trockenen Ort. Dachböden und Unterstände sind besonders gut geeignet.

Alternative zu frisch

Fast jedes frische Kraut gibt es getrocknet und gerebelt, gefriergetrocknet oder in Öl eingelegt das ganze Jahr hindurch im Supermarkt zu kaufen. Bei einigen Kräutern verstärkt sich dadurch die Würzkraft, bei anderen wiederum muß man die Menge ganz deutlich erhöhen.

Vielfältige Kompositionen
Die meisten getrockneten Kräuter gibt es in Gläsern, Dosen oder Streubehältern im Gewürzregal der Supermärkte. Nach dem Vorbild der Kräuter der Provence stellt die Industrie weitere harmonische Mischungen aus verschiedenen Kräutern her, wie Salatkräuter oder italienische Kräutermischungen für Sauce bolognese. Diese Fertigprodukte sind meist ausgewogene Mischungen aus Kräutern, Gewürzen und anderen Geschmackszutaten, die eine einfache und schnelle Handhabung garantieren.

Kräuter mit Öl
Im Trend sind frische Kräuter mit Öl vermengt. Dazu werden die erntefrischen Kräuter gehackt, meist fein gewürzt und mit einer kleinen Menge Öl vermengt. Das Ergebnis wird in kleinen Gläsern mit Schraubverschluß angeboten. Es gibt die Kräuter solo, aber auch als fein abgestimmte Mischung, zum Beispiel nach Art der Provence, auf italienische Art oder als klassisches Pesto. In Öl konservierte Kräuter behalten ihr frisches Aussehen und durch die Verbindung mit Fett auch viel Aroma. Sie sind ergiebig, leicht dosierbar und einfach zu verwenden.

Interview mit Dieter Groneweg, Geschäftsführer von Club Feinkost GmbH

Wie sind Sie auf die Idee mit der Gefriertrocknung gekommen?
Groneweg: Meine Familie besaß eine große Kaffeerösterei, in der auch Instantkaffee produziert wurde. Dadurch habe ich die ersten Erfahrungen mit der Gefriertrocknung gemacht. Als 1970 die Kaffeerösterei verkauft wurde, kamen meine Frau und ich auf die Idee, die Gefriertrocknung auch auf andere Produkte anzuwenden. Wir starteten mit der Trocknung von Zwiebeln, Schnittlauch und Petersilie und erweiterten das Sortiment schnell mit anderen Kräutern sowie Pfeffer und Gemüse. Seit 1975 vertreiben wir die gefriergetrockneten Spezialitäten unter der Marke GOUTESS im Lebensmittelhandel.

Was ist das Besondere an diesem Trocknungsverfahren?
Groneweg: Die Gefriertrocknung ist das schonendste Konservierungsverfahren für Lebensmittel. Da es ein sehr aufwendiges Verfahren ist, lohnt sie sich nur bei qualitativ hochwertiger Rohware. Wir haben mittlerweile ein Qualitätsmanagement aufgebaut, das von Anbau über Ernte, Trocknung und Veredelung jeden Schritt kontrolliert. Nur so können wir die gleichbleibende Qualität unserer Kräuter gewährleisten.

Wo wachsen die Kräuter und Gewürze für GOUTESS?
Groneweg: Wir arbeiten weltweit mit verschiedenen Lieferanten zusammen, die direkt vor Ort die Rohware gefriertrocknen, denn Frische ist der Garant für beste Qualität. Ein Großteil der Kräuter, wie Schnittlauch, Petersilie, Kerbel oder Dill, kommen aus eigener Produktion in Belgien. Die südländischen Kräuter, die zur Entfaltung ihres Aromas viel Sonne benötigen, wie Thymian, Rosmarin, Salbei und Basilikum, beziehen wir hauptsächlich aus Südfrankreich. Spezialitäten, wie Pfeffer, Ingwer oder Zitronengras, kommen aus Indien und Ostasien.

Worin besteht der Unterschied zu anderen Konservierungsmethoden?
Groneweg: Der Vorteil gegenüber der Lufttrocknung ist, daß Vitamine und Mineralstoffe weitgehend erhalten bleiben. Ein weiterer Pluspunkt ist die offene Zellstruktur: Ein Schnittlauchröllchen ist nach der Gefriertrocknung immer noch ein Röllchen und nicht platt gedrückt wie die luftgetrockneten. Besser als gefriergetrocknete Kräuter sind nur frische Kräuter.

Die moderne Konservierungsmethode: Gefriertrocknen

Wenn man gerade keine frischen Kräuter zur Hand hat, sind gefriergetrocknete Kräuter heutzutage die beste Alternative. Gefriertrocknung ist die schonendste Art, die feinen, erntefrischen Aromen der Kräuter zu erhalten. So konservierte Kräuter sind streufähig, gut dosierbar und sofort anwendungsbereit. Sie sollten in keinem Gewürzschrank fehlen, denn sie bringen zu jeder Jahreszeit Frische und Aroma in die Speisen.

Frisch geschnittener Schnittlauch

Gefriergetrockneter Schnittlauch

In Nu erhalten gefriergetrocknete Kräuter ihr natürliches Aroma zurück, wenn sie mit Feuchtigkeit in Kontakt kommen.

Ernte und Vorbereitung

Da die Gefriertrocknung ein sehr aufwendiges Konservierungsverfahren ist, sind einwandfreie, zum richtigen Zeitpunkt geerntete Kräuter die Grundbedingung für Spitzenprodukte.
Noch am Erntetag werden sie sortiert, sorgsam gewaschen, kleingeschnitten und anschließend rasch eingefroren.

Trocknung durch schonende Wärme

Ohne Verwendung von Zusatzstoffen wird bei niedriger Temperatur von 40 bis 50°C den gefrorenen Kräutern in einer Vakuumkammer langsam die Feuchtigkeit entzogen. Dabei geht das Wasser, gebunden als Eis, direkt in Wasserdampf über. Dieses Verfahren nennt man Sublimation. Die niedrige Trocknungstemperatur schont Vitamine und Mineralstoffe weitgehend.

Erntefrisches Aroma in Sekundenschnelle

Durch die Gefriertrocknung bleiben Konsistenz, Form, Farbe und Aroma der frischen Kräuter optimal erhalten. Die fertigen Produkte enthalten nur noch zwei bis vier Prozent Restfeuchtigkeit, sie sind auch nach dem Öffnen und ohne Kühlung lange haltbar. Da gefriergetrocknete Kräuter streufähig sind, sind sie einfach zu dosieren. Die Zeit für Säubern und Schneiden kann eingespart werden.

Sobald die Kräuter mit Feuchtigkeit in Berührung kommen, erhalten sie ihren ursprünglichen, erntefrischen Geruch und Geschmack sofort wieder zurück.

Kräuter von A bis Z

Der Duft von frischen Kräutern macht Appetit und Lust auf kulinarische Erlebnisse. Außerdem regt er die Verdauungssäfte an. Mit frischen Kräutern zubereitete Speisen sind aber nicht nur besonders lecker, sondern auch die Basis für gesunde Ernährung. Die folgenden Seiten informieren darüber, wie die einzelnen Kräuter schmecken, wann sie am meisten Aroma besitzen, welche Bedeutung sie für die Gesundheit haben und womit sie am besten harmonieren. So finden Sie garantiert für jedes Gericht das passende Würzkraut.

Basilikum

Ist es sein frisch-würziges Aroma, sein appetitliches Aussehen oder sind es die zahlreichen Verwendungsmöglichkeiten, die Basilikum zu einem der wichtigsten und beliebtesten Küchenkräuter gemacht haben? Genau weiß es keiner. Fest steht nur eines: Basilikum ist seit über viertausend Jahren als Würzkraut bekannt und wird seit dem 16. Jahrhundert auch in Deutschland angebaut und verwendet. Richtig Karriere hat die Pflanze mit dem betörenden Duft bei uns aber erst in den letzten Jahrzehnten gemacht – als unentbehrlicher Bestandteil der heißgeliebten Mittelmeerküche.

Basilikum, das Königskraut der mediterranen Küche, hat auch bei uns Karriere gemacht.

Herkunft: Basilikum, auch als Königskraut bezeichnet, kommt ursprünglich aus Indien. Heute wird es vorwiegend im Mittelmeerraum angebaut. Von den etwa sechzig verschiedenen Sorten gedeihen die robusteren auch bei uns. Neben dem großblättrigen Basilikum findet man auf dem Markt mittlerweile eine kleinblättrige Sorte, das griechische Basilikum, das etwas zarter schmeckt, sowie rotes, sehr würziges Basilikum, das sich hervorragend zum Garnieren eignet.
Aroma: Angenehm frisch, würzigsüß, es erinnert ein bißchen an frische Minze. Getrocknetes Basilikum hat viel von seinem typischen Charakter verloren, es hat einen dumpfen, pfefferartigen Geschmack.
Anbau und Ernte: Basilikum braucht zum Gedeihen viel Sonne und einen windgeschützten Platz. Die einjährige Pflanze verträgt keinen Frost, deshalb sollte man sie erst Mitte Mai nach den Eisheiligen ins Freiland geben. Die Jungpflanzen einzeln in einen Pflanztrog oder Blumenkasten in lockere Humuserde setzen. Am würzigsten schmecken Basilikumblätter kurz vor der Blüte ab Juni. Nicht zu viele Blätter auf einmal ernten, das schadet der Pflanze.
Verwendung: Die Möglichkeiten, Gerichte mit Basilikum zu verfeinern, sind vielfältig. Am bekanntesten ist die Kombination mit Tomaten, Mozzarella und feinem Olivenöl. Aber auch italienisches Pesto oder französischer Pistou sind Klassiker der Kräuterküche. Und sie zeigen: Basilikum schmeckt am besten frisch. In gekochte Speisen immer erst kurz vor Ende der Garzeit geben und nur ziehen lassen, denn das frische Basilikumaroma leidet unter starker Hitze und zu langer Garzeit, es wird leicht bitter.
Harmonie: Basilikum paßt zu beinahe allen Gerichten der Mittelmeerküche, sehr gut zu Tomatensauce, Fisch, Geflügel oder Kalbfleisch. Es harmoniert mit fast allen Küchenkräutern, besonders mit Zitrone, Pfeffer, Knoblauch, Estragon, Oregano, Salbei und Petersilie.
Gesundheit: Macht Appetit, fördert die Verdauung und entschlackt. Frische Blätter sorgen gut gekaut für reinen Atem.

Beifuß

Nicht umsonst heißt er Gänsekraut im Volksmund, denn er ist das Würzkraut für fette Speisen, allen voran Gänsebraten. Ob frisch oder getrocknet, Beifuß muß immer mitgekocht werden, damit sich die mildherbe Würze und verdauungsfördernde Wirkung entfalten können. Der Name »Beifuß« geht laut Überlieferung auf die äußere Anwendung des Krauts zurück: Der römische Naturwissenschaftler Plinius empfahl, frische Beifußblätter in die Sandalen zu legen, um die Füße vor Übermüdung zu schützen.

Herkunft: Vermutlich Asien.
Aroma: Es ist unverwechselbar und erinnert an eine Mischung aus Wacholderbeeren, Nelken und Minze.

Beifuß macht fette Speisen bekömmlicher.

Ernte: Verwendet werden nur die Blütenrispen, kurz vor der Blüte im Juli geerntet. Die Blätter schmecken bitter.
Verwendung: Beifuß zählt zu den Kräutern, die im Herbst und Winter bevorzugt verwendet werden. Deftige Gerichte, zu denen er ausschließlich paßt, werden durch den mitgekochten Beifuß leichter verdaulich. Mit Beifuß würzt man Aal, Ente, Gans, Schweinefleisch und Lamm, aber auch Pilze, Steckrüben, Hülsenfrüchte oder herzhafte Gemüsegerichte mit Kohl. Interessant schmeckt mit Beifuß gewürztes Schweine- oder Gänseschmalz.
Harmonie: Wenn man Beifuß mitschmort, sollte man auf andere Kräuter verzichten. Lediglich Zwiebeln, Knoblauch und Pfeffer harmonieren mit dem mildherben Kraut.
Gesundheit: Beifuß regt den Gallenfluß an und unterstützt so die Fettverdauung optimal. Aus den getrockneten Blättern kann man auch Tee zubereiten.

Bohnenkraut

Aus Bohnen- oder Pfefferkraut, wie es auch genannt wird, und Essig bereiteten die alten Römer eine feinwürzige Sauce zu. Heute ist das Kraut die klassische Würze aller Bohnengerichte. Zu dicken, weißen Bohnen paßt das Berg- oder Winterbohnenkraut am besten. Es ist würziger und schärfer im Geschmack als das zarte einjährige Sommerbohnenkraut, das auf raffinierte Weise das Aroma von frischen grünen Bohnen und Wachsbohnen unterstreicht.

Herkunft: Seine Heimat sind die Mittelmeerländer.
Aroma: Bohnenkraut riecht intensiv nach Bohnen und hat leicht pfeffrigen Geschmack, der beim Winterbohnenkraut stärker ausgeprägt ist als beim Sommerbohnenkraut.

Zartes Sommerbohnenkraut schmeckt gut zu grünen Bohnen.

Durch Trocknen intensiviert sich sein Geschmack.
Ernte: Berg- und Sommerbohnenkraut am besten zur Blütezeit von Juni bis September ernten.
Verwendung: Die Stengel werden im ganzen mitgekocht. Junge Blätter kann man auch ganz oder gehackt zum Schluß unter gegarte Speisen mischen. Mit Bohnenkraut würzt man Eintöpfe aus Hülsenfrüchten und Gemüse, Schmorgerichte aus Kaninchen, Geflügel, Schwein oder Lamm. Frisch gehackt, verfeinert es Salate aus grünen oder dicken Bohnen, Tomatensaucen, aber auch Grillmarinaden für Fisch oder Zucchini.
Harmonie: Es paßt zu Salbei, Rosmarin, Knoblauch, Zwiebeln und Petersilie.
Gesundheit: Bohnenkraut stärkt den Magen, fördert die Verdauung und wirkt belebend.

Borretsch

Herkunft: Vorderer Orient.
Aroma: Die rauhen Blätter und blauen Blüten schmecken angenehm erfrischend und erinnern an Gurken.
Ernte: Die Blätter möglichst jung ernten, wenn die rauhen Härchen noch nicht so ausgeprägt sind. Die blauen Blüten schmücken Salate oder erfrischende Drinks.
Verwendung: Die Blätter möglichst fein schneiden – so stören die Härchen nicht. Vor allem für kalte Speisen, z. B. Salat, Kräuterquark, Kräuterbutter, oder in Milchmixgetränken verwenden. Größere Blätter wie Weinblätter füllen und schmoren oder grob gehackt wie Spinat zubereiten. Die Blüten sind frisch oder kandiert eine hübsche Deko für Salate oder Drinks.
Harmonie: Paßt gut zu Gurkengerichten.
Gesundheit: Borretsch gilt als herzstärkend sowie harn- und schweißtreibend. Er soll die Lebensgeister wecken und Melancholie vertreiben.

Bouquet garni

Herkunft: Die Franzosen haben entdeckt, daß einige Kräuter zusammen absolut perfekt harmonieren.
Aroma: Das klassische Bouquet garni besteht aus drei Petersilienstengeln, einem Thymianzweig und einem frischen Lorbeerblatt. Es gibt aber zahlreiche Abwandlungen. So fügt man gerne ein Stückchen Zitronenschale oder einen Rosmarin- oder Oreganozweig hinzu. Wichtig ist, daß sich die Aromen harmonisch ergänzen. Bouquet garni gibt es auch getrocknet und zerkleinert zu kaufen, dann ist das Aroma jedoch intensiver.
Verwendung: Bouquet garni muß immer mitgekocht werden, nur dann kann sich das Aroma entfalten. Bevorzugt würzt man damit Hühnerbrühen, Fischsuppen, Eintöpfe, Kalbsragout oder Hühnerfrikassee.

Brunnenkresse

Herkunft: Man vermutet, daß die Heimat der Brunnenkresse Südosteuropa ist. Sie gedeiht heute aber wildwachsend in vielen Ländern, allerdings nur in sauberen, fließenden Gewässern. Wildwachsende Brunnenkresse zu finden wird immer schwieriger. Kultiviert gibt es sie allmählich auch bei uns zu kaufen, vorwiegend aus Frankreich eingeführt.
Aroma: Brunnenkresse schmeckt herb-pikant, ein wenig wie Rettich.
Ernte: Die größeren Blätter sind würziger als die jungen zarten Triebe. Blühende Brunnenkresse ist etwas härter und nicht mehr so fein.
Verwendung: Grob gehackt unter Salate oder Saucen auf Sauerrahmbasis mischen. Köstlich: fein gehackt aufs Butterbrot oder in Quark. Brunnenkresse ist nicht lange haltbar, feucht in Plastikbeutel verpackt in den Kühlschrank legen.
Harmonie: Ihr würzig intensives Aroma verträgt sich nur mit sanften Zutaten, wie Milchprodukten, Eiern, Fisch oder Huhn.
Gesundheit: Brunnenkresse ist reich an Mineralstoffen und Vitamin C, weshalb sie die Abwehrkräfte stärkt.

Dill

Herkunft: Dill, auch Gurkenkraut genannt, stammt aus Asien. Doch schon die alten Ägypter verwendeten das zarte Kraut. Er wird seit je in allen Erdteilen angebaut.
Aroma: Am aromatischsten schmekken die jungen zarten Dillspitzen. Der Geschmack erinnert ein wenig an Kümmel.
Ernte: Dill wird von Mai bis September geerntet und am besten frisch verwendet. Getrocknet verliert er viel von seinem feinwürzigen Aroma.
Verwendung: Frische, fein geschnittene Dillspitzen verfeinern Salate, besonders Gurkensalat, man mischt sie unter Quark, Mayonnaise oder Butter. Die zarten Blätter niemals mitkochen, sondern immer erst kurz vor dem Servieren untermischen. Die Stengel können mitgegart werden, die Dolden nimmt man zum Einlegen von Essiggurken oder zum Aromatisieren von Essig. Dill lieber tiefkühlen als trocknen.
Harmonie: Sparsam verwendet, mit Schalotten, Petersilie und Senf; perfekt zu allen Gurkengerichten.
Gesundheit: Geschätzt wird Dill wegen seiner nervenberuhigenden Wirkung, er regt den Appetit an und lindert Verdauungsstörungen.

Estragon

Herkunft: Von Südrußland aus eroberte das würzige Kraut Europa, vor allem die französische Küche.
Aroma: Estragon hat einen hohen Gehalt an ätherischen Ölen, die für seinen herb-bitteren, anisähnlichen Geschmack verantwortlich sind.
Ernte: Es gibt zwei Estragonsorten, den robusten russischen und den aromatischen französischen Estragon. Ernten kann man beide Sorten etwa ab Mitte Juni, dann sind die Blätter am würzigsten.
Verwendung: Estragon verfeinert viele Gerichte, allerdings sollte man ihn sparsam dosieren und frisch verwenden, allenfalls noch tiefkühlen. Ein Tip: Butter mit gehackten Estragonblättern verrühren und einfrieren. Estragon verleiht Sauce béarnaise die gewisse Raffinesse und darf in keiner Kräuterbutter fehlen. Er ist die ideale Würze für Kalbs- und Geflügelragouts sowie Fischgerichte.
Harmonie: Die Mischung »Fines Herbes« macht es deutlich: Kerbel, Petersilie, Schnittlauch und Estragon passen perfekt zusammen.
Gesundheit: Estragon regt den Appetit und die Magensekretion an.

Kerbel

Herkunft: Seine Heimat ist Südeuropa. Heute wird Kerbel in ganz Europa, Asien und in den USA kultiviert.
Aroma: Zart-süßlich mit feinem Hauch von Fenchel und Anis.
Ernte: Am besten erntet man die zarten Kerbelzweige kurz vor der Blüte, wenn sie zehn Zentimeter hoch sind. Sät man das einjährige Kraut immer wieder nach, kann man von Mai bis November ernten.
Verwendung: Der zarte Kerbel reagiert äußerst empfindlich auf Hitze, deshalb immer erst kurz vor dem Servieren untermischen. Er verfeinert Kräutersaucen und -süppchen, Eier-, Geflügel- und Kalbfleischgerichte, Kräuterquark oder -butter und ist fester Bestandteil der Kräutermischung »Fines Herbes«. Kerbel so frisch wie möglich verwenden. Notfalls tiefkühlen, aber niemals trocknen, er schmeckt dann wie Heu.
Harmonie: Der feine, raffinierte Kerbelgeschmack harmoniert mit Safran, Estragon und Petersilie.
Gesundheit: Kerbel mobilisiert den Stoffwechsel, reinigt das Blut und entschlackt – er ist also das ideale Kraut für die Frühjahrskur.

Kapuzinerkresse

Die dekorative Rankpflanze mit den leuchtend orangeroten oder gelben Blüten war in ihrer Heimat Peru und Kolumbien immer schon als Heilpflanze geschätzt. In unseren Gärten wird sie weit häufiger als Zierpflanze denn als Küchenkraut angepflanzt. Dabei kann man an ihr fast alles genießen: Blätter, Knospen und Blüten.

Nicht nur eine Zierde für den Balkon: Kapuzinerkresse schmeckt auch im Salat.

Herkunft: Kolumbien und Peru.
Aroma: Die Blätter haben einen scharfen, senfähnlichen Geschmack, vergleichbar mit Brunnenkresse. Die Blüten sind milder und sehr saftig.
Ernte: Junge Blätter von Mai bis Oktober, Blüten von Juni bis Juli.
Verwendung: Die Blüten zur Zierde, ganz oder zerkleinert, roh oder kurz erhitzt verwenden. Die Blätter mischt man fein geschnitten unter Quark, Frischkäse oder Salat und verfeinert damit Saucen oder Vinaigrettes. Man kann daraus auch eine leichte Suppe oder ein delikates Gemüse kochen. Die unreifen Knospen sind eingelegt in Essig und Salzlake ein feiner Ersatz für Kapern.
Harmonie: Mit fast allen Frühlingskräutern.
Gesundheit: Der hohe Gehalt an ätherischen Ölen regt den Appetit an, wirkt leicht abführend und keimtötend.

Koriander

Seit Jahrtausenden ist dieses Würzkraut weltweit bekannt, aber erst seit einigen Jahren findet es auch Einzug in unsere Küchen. Sein Geschmack ist etwas gewöhnungsbedürftig: Entweder man liebt es, oder man haßt es. Deshalb empfiehlt es sich, anfangs eher zurückhaltend zu dosieren. Koriandergrün, auch Cilantro genannt, wird in Mexiko, Vietnam und Thailand verwendet wie bei uns Petersilie.

Koriandergrün: Würzkraut mit Tradition.

Herkunft: Die »Chinesische Petersilie« ist im Vorderen Orient seit Jahrtausenden das beliebteste Würzkraut.
Aroma: Koriander ähnelt zwar im Aussehen der Petersilie, schmeckt aber völlig anders, ausgeprägt würzig, ein wenig nach Anis.
Ernte: Von der einjährigen, bis zu 70 cm hohen Pflanze erntet man die frischen Blattspitzen – am besten vor der Blüte im Juni.
Verwendung: Die zarten Blätter erst kurz vor dem Servieren zerkleinern und untermischen, da lange Lufteinwirkung und Mitkochen dem Geschmack schaden. Frischer Koriander verleiht den Speisen eine exotische Note. Er ist ideal zum Würzen von pfannengerührtem Gemüse, Fisch oder Fleisch aus dem Wok, aber auch in Reis-, Nudel- und Gemüsesalaten. Die Wurzeln, gerieben oder gehackt, schmecken noch intensiver als die Blätter.
Harmonie: Mit Minze, Kreuzkümmel und Curry.
Gesundheit: Der hohe Gehalt an ätherischem Korianderöl fördert den Appetit und lindert Völlegefühl und Blähungen.

Liebstöckel

Dieses typisch deutsche Würzkraut wird im Volksmund wegen seines typischen Geruchs auch Maggikraut genannt. Die winterharte Staude kann bis zu zwei Meter hoch werden und durfte früher in keinem Bauerngarten fehlen. Liebstöckel wird vor allem für Suppen und Eintöpfe verwendet.

Maggikraut nennt man Liebstöckel gerne wegen seines typischen Geruchs.

Herkunft: Südeuropa und Iran.
Aroma: Liebstöckel hat einen ausgeprägten bittersüßen Geschmack, der ein bißchen an Sellerie und die handelsübliche Maggiwürze erinnert.
Ernte: Ab Mai bis Ende Oktober.
Verwendung: Die fein geschnittenen Blätter sind sparsam verwendet ein beliebtes Gewürz für Salate, Kräuterbutter und -saucen. Die Stengel oder auch Wurzelstücke werden in Suppen und Eintöpfen mitgekocht. Vor allem bei salzarmer Diät ist Liebstöckel ein beliebter Würzersatz. Bei größerer Ernte die Blätter unzerteilt einfrieren. Frische Blätter den getrockneten vorziehen.
Harmonie: Mit Sellerie, Möhren, Zwiebeln und Petersilie.
Gesundheit: Wegen der harntreibenden Wirkung ist Liebstöckel ideal bei Nieren- und Blasenleiden, Gicht und Rheuma.

Löffelkraut

Die Blätter dieses Krauts sehen aus wie kleine Löffel – daher sein Name. Löffelkraut wird vor allem von Liebhabern der Kräuterküche geschätzt, zum einen wegen seines intensiven Geschmacks, zum andern auch wegen seines hohen Vitamin-C-Gehalts. Letzeres brachte ihm den Beinamen »Skorbutkraut« ein.

Grüne Vitamin-C-Bombe: das Löffelkraut.

Herkunft: Das robuste Kraut fühlt sich in Küstengebieten mit sandigen, salzhaltigen Böden und im feuchten Klima am wohlsten.
Aroma: Die fleischigen Blätter haben einen würzig-bitteren, leicht scharfen Geschmack, noch intensiver als Brunnenkresse.
Ernte: Die anspruchslose Pflanze kann das ganze Jahr hindurch geerntet werden. Im Mai und Juni, kurz vor der Blüte, sind die Blätter natürlich am aromatischsten.
Verwendung: Die scharfen Blätter geben Salaten, Kräuterquark und -saucen Pfiff, sie schmecken fein gehackt auf Butterbrot, in Kartoffelpüree, Rote-Bete-Salat oder in Gemüsesuppen. Mit Fingerspitzengefühl dosieren. Ebenfalls köstlich: ein Vitamin-C-reicher Powerdrink mit Milch und fein gehacktem Löffelkraut. Beim Trocknen und Einfrieren geht das Aroma verloren.
Harmonie: Borretsch und Schnittlauch mildern seinen Geschmack.
Gesundheit: Löffelkraut stärkt die Abwehrkräfte, regt den Stoffwechsel an und fördert die Verdauung. Butterbrot mit Löffelkraut ist ein delikater Fitmacher. Ein Milchshake mit Löffelkraut wirkt vorbeugend gegen Zahnfleischbluten.

Majoran

Er stammt vermutlich aus Nordafrika, dem östlichen Mittelmeergebiet und Südwestasien. Mittlerweile ist er zum Lieblingsgewürz der Deutschen geworden. Majoran darf in keiner Leberwurst fehlen – weshalb er auch Wurstkraut genannt wird – und erst recht nicht in Leberknödeln. Frisch gehackter Majoran verfeinert Bratkartoffeln und schmeckt köstlich auf Schweineschmalzbrot.

Majoran schmeckt so perfekt zur Leberwurst, daß man seine Herkunft fast vergessen hat.

Herkunft: Nordafrika und Mittelmeerregionen. Auch die alten Griechen und Römer würzten schon mit diesem herzhaften Kraut.
Aroma: Die frischen Blätter verströmen einen charakteristischen, äußerst aromatischen, würzig-bitteren Duft, wenn man sie zwischen den Fingern zerreibt. Majoran kann man gut trocknen: Er hält sein angenehmes Aroma relativ lange.
Ernte: Majoran blüht ab Juni. Wie bei allen Kräutern ist das Aroma der Blätter kurz vor der Blüte am intensivsten. Majoran kann man gut mit den Blüten trocknen und rebeln. Am würzigsten, wenngleich ein wenig derb, schmeckt wilder Majoran, den man häufig in Griechenland findet. Im Garten braucht Majoran einen sonnigen Platz und durchlässigen Boden, dann gedeiht er problemlos.
Verwendung: Mit Majoran würzt man nicht nur Leberwürste, sondern auch Terrinen und Pasteten. Frikadellen schmecken mit Majoran gewürzt noch besser. Majoran verfeinert Aalgerichte, Bratkartoffeln oder gebratene Äpfel, die man zu Leber, Ente und Gans reicht. Getrockneter Majoran sollte nicht zu fein zerkleinert sein, da sonst das Aroma allzu schnell verfliegt.
Harmonie: Mit Thymian, Salbei, Rosmarin und natürlich mit seinem nahen Verwandten, dem Oregano.
Gesundheit: Beruhigend und entspannend wirkt das delikate Kraut, besonders auf die Magenschleimhäute. Außerdem macht der feinwürzige Majoranduft Lust aufs Genießen.

Oregano

Im Volksmund wird er häufig Wilder Majoran genannt, denn er gehört zur gleichen Familie. Das anspruchslose Kraut wächst in südlichen Ländern wie Unkraut und macht auch bei uns im Kräutergarten keine Mühe. Einmal gepflanzt, bringt er jedes Jahr neue Triebe und entwickelt sich im Laufe der Zeit zur üppigen, niedrigen Staude. Trotz seiner Winterfestigkeit fühlt sich das Kraut vom Mittelmeer an sonnigen, windgeschützten Plätzen, vor allem in kargen Steingärten am wohlsten.

Herkunft: Schon den alten Griechen war Oregano (oder Wilder Dost) als Würze für ihre Speisen bekannt.
Aroma: Oregano schmeckt herb und leicht pfeffrig, ähnlich, aber nicht ganz so würzig und intensiv wie Majoran. Sein Aroma erinnert an eine Mischung aus Majoran und Thymian. Getrocknet sind seine Blätter würziger als frisch.
Ernte: Die frischen Blätter kann man ab April ernten. Vor der Blüte im Juli ist das Aroma am intensivsten. Der üppige Blütenschmuck kann großzügig abgeschnitten werden, damit das Aroma in den Blättern bleibt.
Verwendung: Oregano ist das Gewürz der italienischen Küche, er wird vor allem getrocknet verwendet. Ob Pizza, Tomatensauce oder Auberginengerichte, Oregano darf nicht fehlen. Er vollendet frisch gehackt Grillmarinaden für Fische, Meeresfrüchte oder Geflügel und schmeichelt Schafskäse ebenso wie Olivenöl.
Harmonie: Oregano ist relativ anpassungsfähig und harmoniert mit vielen Kräutern, sehr gut mit Rosmarin und Thymian.
Gesundheit: Wie Majoran, so beruhigt auch Oregano die Nerven und wirkt daher wohltuend bei gereiztem Magen. Er fördert den Appetit und entspannt.

Oregano ist das typische Kraut der italienischen Küche. Sein Aroma erinnert an Majoran und Thymian.

Petersilie

Dekorativ und anpassungsfähig, so lauten die hervorstechenden Eigenschaften der Petersilie. Die glatte Sorte schmeckt etwas würziger als die krause (Foto unten).

Petersilie, die Nummer eins unter den Küchenkräutern, wird weit über die Grenzen Europas hinaus angebaut und verwendet. Das mag daran liegen, daß Petersilie keinen allzu dominanten Geschmack hat und daher mit vielen anderen Aromen hervorragend harmoniert. Doch ist Petersilie nicht nur unkompliziert in der Verwendung, sie bleibt bei richtiger Aufbewahrung erstaunlich lange frisch. Und mit frischen Petersilienblättchen dekorierte Speisen sehen einfach immer appetitlich aus.

Herkunft: Wie so viele andere Kräuter kommt auch die Petersilie ursprünglich aus dem südöstlichen Mittelmeergebiet.
Aroma: Petersilie hat einen frischen, etwas süßlichen, charakteristischen Duft und Geschmack, der bei der glatten Sorte stärker ausgeprägt ist.
Ernte: Gewöhnlich gibt es Petersilie das ganze Jahr hindurch im Gemüseladen oder Supermarkt frisch zu kaufen. Die Freilandernte beginnt im Juni und dauert bis Ende Oktober. Wer Petersilie im eigenen Garten hat, kann mit dem Ernten beginnen, sobald sich die Blätter gebildet haben, und sich bis zu den ersten Frösten mit frischer Petersilie versorgen. Das zweijährige Kraut wird bis zu 50 cm hoch – manche Sorten noch höher – und blüht erst im zweiten Jahr.
Verwendung: Für die geliebte Petersilie gibt es unzählige Verwendungsmöglichkeiten. Frisch gehackt, gehört sie in Semmelknödel und Frikadellen und darf bei keinem Pilzgericht fehlen. Sie ist fester Bestandteil des Bouquet garni (siehe Seite 24), der Persillade (Mischung aus gehackter Petersilie und Knoblauch, wird zu kaltem Rindfleisch gegessen) oder der Gremolata (Mischung aus gehackter Petersilie, Knoblauch und geriebener Zitronenschale, ein unverzichtbarer Bestandteil von Ossobuco). Ein Genuß: Frische Petersilienstengel in Öl fritieren und mit Meeresfrüchten servieren.
Petersilie läßt sich zwar gut tiefkühlen, aber ihr Aroma leidet darunter noch mehr als ihre Farbe.
Für die kurzzeitige Aufbewahrung am besten in einen mit Wasser ausgespülten Plastikbeutel legen, locker verschließen und im Kühlschrank aufbewahren.
Harmonie: Mit fast allen Küchenkräutern und Lebensmitteln.
Gesundheit: Beachtlich ist ihr hoher Gehalt an Provitamin A, Vitaminen C, B_1 und B_2 sowie Kalzium. Petersilie regt die Nieren an, wirkt blutreinigend, macht Appetit und ist verdauungsfördernd.

Petersilie ist ein echter Küchenklassiker, der ganzjährig in jedem Gemüseladen angeboten wird.

Pfefferminze

Herkunft: Stammt aus den gemäßigten Klimazonen vom Mittelmeer bis Nordeuropa.
Aroma: Pfefferminze duftet und schmeckt intensiv nach Menthol, die mildere Apfelminze hat ein zartes Apfelaroma, und die weißgesprenkelte Ananasminze schätzt der Kräuterfan wegen ihres fruchtigen Aromas.
Ernte: Die Blätter aller Minzesorten haben kurz vor der Blüte und frisch verwendet das meiste Aroma. Blütezeit etwa ab Juli, ernten kann man von Juni bis Oktober.
Verwendung: Frische Minzeblätter ergeben mit kochendem Wasser überbrüht einen erfrischenden und durstlöschenden Tee und würzen fein geschnitten viele Süßspeisen. Wer die Küche des Vorderen Orients und der Türkei liebt, verwendet sie üppig in pikanten Gerichten.
Harmonie: Das erfrischende Kraut paßt perfekt zu Joghurt und anderen Milchprodukten, harmoniert mit Zartbitterschokolade und verleiht Fleisch, Fisch oder vegetarischen Gerichten eine interessante Note.
Gesundheit: Der hohe Gehalt an ätherischem Pfefferminzöl wirkt anregend auf den Gallenfluß und beruhigend auf Magen und Darm.

Pimpinelle

Herkunft: Wildwachsend ist Pimpinelle, auch Kleiner Wiesenknopf genannt, im Mittelmeerraum sehr verbreitet.
Aroma: Die frischen Blätter haben einen pikant-würzigen, leicht nußartigen, zartbitteren Geschmack, der sehr erfrischend ist. Der Geruch erinnert ein wenig an Gurken.
Ernte: Sie bevorzugt trockene, kalkige Böden und treibt jedes Jahr neu aus. Die gezahnten Blätter der etwa 30 bis 60 cm hohen Pflanze kann man von Mai bis November ernten.
Verwendung: Pimpinelle sollte man ausschließlich frisch gehackt unter die Speisen mischen, da Hitze ihr feines Aroma zerstört. Das gilt auch für das Trocknen. Wenn man sich einen Vorrat zulegen möchte, dann ist Einfrieren die beste Methode. Pimpinelle ist fester Bestandteil der grünen Frankfurter Sauce, verfeinert aber auch jede andere Kräutersauce. Pimpinelle paßt zu Eier- und Quarkspeisen, vollendet Salate und ist ganz besonders gut zu Kartoffelsalat.
Harmonie: Verträgt sich mit fast allen anderen Kräutern.
Gesundheit: Wirkt blutreinigend und verdauungsfördernd. Hat einen guten Ruf als herzstärkendes Mittel.

Rucola

Herkunft: Die Heimat des würzigen Krauts, auch Rauke genannt, liegt rund um das Mittelmeer.
Aroma: Pfeffrig-würzig und zugleich säuerlich erfrischend.
Ernte: Rucola ist ein einjähriges, schnell wachsendes Kraut. Drei bis vier Wochen nach der Aussaat, im April/Mai, kann man bereits ernten. Sobald die Pflanze blüht, werden die Blätter leicht bitter und hart.
Verwendung: Rucola ist der Senkrechtstarter unter den Küchenkräutern, kaum ein Kraut hat in den vergangenen Jahren eine steilere Karriere gemacht. Junge, gehackte Rucolablätter würzen Quarkspeisen, Dips, Kartoffelsalat oder Blattsalate. Rucola schmeckt als Salat mit Champignons und Parmesan. Aber auch kurz gedünstet und unter Pasta, Risotto oder Fischragout gerührt, schmeckt er ebenso verführerisch wie mit Ricotta in einer pikanten Füllung für Ravioli. Rucola welkt schnell. Am besten hält er sich in einem angefeuchteten Plastikbeutel im Kühlschrank.
Harmonie: Mit Tomaten, Zwiebeln und vielen neutralen Lebensmitteln.
Gesundheit: Seine Bitterstoffe regen den Appetit und die Verdauung an.

Rosmarin

Im Altertum ehrte man die Götter, indem man ihre Statuen mit Rosmarin bekränzte, und im Mittelalter schmückte man Bräute damit. Pfarrer Kneipp schwor auf die heilende Wirkung des nadeligen Krauts, und heute ist der Duft vielleicht deshalb so beliebt, weil er an schöne Tage im sonnigen Süden erinnert. Rosmarin heißt übersetzt Meertau. Vermutlich hat er seinen Namen aus dem Grund, weil die Seefahrer schon von weitem den intensiven Duft der Rosmarinsträucher wahrnehmen konnten und wußten, daß das Festland nicht mehr weit war.

Der intensive Duft des Rosmarins erinnert an sonnige Tage rund ums Mittelmeer.

Herkunft: Rosmarinsträucher haben ihre Heimat rund ums Mittelmeer.
Aroma: Herb und würzig, leicht bitter mit kampferartigem Geschmack. Zerdrückt, zerrieben oder gehackt entfaltet sich das Aroma der nadelförmigen Blättchen am besten.
Ernte: Rosmarinsträucher sind frostempfindlich und müssen daher in kühlen Regionen im Keller oder in einem frostgeschützten Raum überwintern. Das von der Sonne verwöhnte Kraut benötigt auch hierzulande einen sonnigen Standort. In den Mittelmeerländern treiben die Sträucher jedes Jahr neu aus und können so bis zu zwei Meter hoch werden. Die jungen Triebe mit den elastischen Blättchen kann man von April bis Oktober ernten.
Verwendung: Bei fast allen Gerichten der Mittelmeerküche spielt Rosmarin eine bedeutende Rolle. Damit die kräftigen Nadeln beim Essen nicht stören, die ganzen Zweige mitkochen und vor dem Servieren entfernen oder die Nadeln fein hacken, beziehungsweise im Mörser zerstoßen. Köstlich schmekken mit Rosmarin gewürzte Bratkartoffeln und Grillmarinaden. Rosmarinzweige eignen sich auch vorzüglich zum Aromatisieren von Essig oder Olivenöl. Am feinsten ist das Aroma der frischen Zweige, man kann die Nadeln aber auch trocknen und sie dann bei Bedarf zerreiben.
Harmonie: Die würzigen Rosmarinnadeln vertragen sich besonders gut mit anderen typischen Kräutern der Mittelmeerregion, wie Thymian, Salbei, Lorbeer und Knoblauch.
Gesundheit: Rosmarin ist eine geschätzte Heilpflanze, der vielerlei Wirkungen nachgesagt werden. Sie soll z. B. Kopfschmerzen lindern, bei Nervosität beruhigen, den Appetit anregen sowie die Magen-, Darm- und Gallentätigkeit positiv beeinflussen. Als Badezusatz kurbelt Rosmarinöl den Kreislauf an und belebt – deshalb nur morgens benutzen, es sei denn, man will das Nachtleben genießen.

Salbei

Auch das älteste aller Heil- und Würzkräuter ist in den Mittelmeerländern zu Hause. An sonnigen, felsigen Hängen fühlen sich wildwachsende Salbeisträucher am wohlsten. Griechen, Römer und Araber schwörten schon früher auf die Heilkräfte des Salbeis und verwendeten ihn als Schutz gegen Schlangenbisse. Im Mittelalter galt Salbei bei uns als Allheilmittel, und bald entdeckte man die kulinarische Seite dieses intensiven Krauts.

Den intensiven Salbei sparsam dosieren.

Herkunft: Aus den Ländern rund ums Mittelmeer.
Aroma: Salbei hat einen strengen, bitteren, sehr ausgeprägten Duft und Geschmack, der ein wenig an eine Mischung aus Lavendel und Kampfer erinnert. Man sollte ihn sparsam verwenden, da er andere Aromen sonst übertönt.
Ernte: Vor der Blüte im Mai und Juni ist das Aroma am würzigsten. Die Triebe und auch die Blüten immer wieder zurückschneiden, dann werden die Pflanzen besonders buschig und die Blätter aromatisch.
Verwendung: Mit Salbei würzt man Lammfleisch und Gänsebraten. Ein Klassiker ist das zarte Saltimbocca (Kalbsschnitzel mit Salbei und Schinken gebraten), und raffiniert schmecken die frischen Blätter in Weinteig getaucht und knusprig ausgebacken. Getrockneter Salbei schmeckt etwas streng und bitter und muß deshalb mit viel Fingerspitzengefühl dosiert werden.
Harmonie: Mit Knoblauch, Rosmarin und Bohnenkraut.
Gesundheit: Man schätzt vor allem seine verdauungsfördernde und entzündungshemmende Wirkung. Salbeitee empfiehlt sich zum Gurgeln bei Halsentzündungen.

Sauerampfer

Das säuerliche Kraut, das auf feuchten Wiesen wild wächst und von Kindern gerne zur Erfrischung gekaut wird, hat eine lange Geschichte. Bereits die Pharaonen schätzten ebenso wie Römer und Griechen das Kraut als Heil- und Würzmittel.

Sauerampfer schmeckt unvergleichlich frisch.

Herkunft: Mittelmeerraum und ganz Europa.
Aroma: Wie der Name schon sagt, schmeckt Sauerampfer erfrischend säuerlich. Je jünger die Blätter, desto milder und angenehmer ist ihre Säure.
Ernte: Sauerampfer liebt Feuchtigkeit. Er wächst auf feuchten Wiesen und an Grabenrändern. Blüht ab Mai. Die knackigen Blätter kann man von April bis November immer wieder ernten, am besten aber zu Beginn der Blütezeit. Die Blätter halten sich in einer feuchten Plastiktüte im Kühlschrank einige Tage. Zur längeren Aufbewahrung kann man sie einfrieren, aber nicht trocknen.
Verwendung: Frischer Sauerampfer schmeckt pur als Salat oder auch mit anderen Salatblättern vermischt. Aus püriertem Sauerampfer bereitet man Saucen oder Suppen zu. Größere Blätter kann man auch mit einer leichten Farce füllen und schmoren. Immer nur kurz erhitzen.
Harmonie: Paßt gut zu Quark, Butter, Frischkäse, Eiergerichten oder Fisch.
Gesundheit: Der Vitamin-C-reiche Sauerampfer reinigt das Blut und stärkt die Abwehr.

Schnittlauch

Herkunft: Auch wenn es das deutscheste aller Kräuter ist, seinen Ursprung hat Schnittlauch vermutlich in Zentralasien.
Aroma: Schmeckt ein wenig nach Zwiebeln, nur milder.
Ernte: Die zarten Lauchröhrchen sind am saftigsten, bevor die Pflanze blüht (ab Juli). Übrigens: Die roten, kugelförmigen Blüten schmücken Blattsalate und würzen sie zusätzlich. Je öfter man Schnittlauch erntet, desto buschiger wird die Pflanze. Schnittlauch gibt es als Bundware oder im Topf ganzjährig zu kaufen.
Verwendung: Fein geschnitten kann man Schnittlauch über fast alle würzigen Speisen streuen. Einfach, aber unwiderstehlich: Butterbrot oder eine klare Fleischbrühe mit Schnittlauch bestreut. Schnittlauch niemals mitkochen! Am besten erst kurz vor dem Verwenden mit der Schere oder einem scharfen Messer schneiden.
Harmonie: Schnittlauch verträgt sich mit allem, außer mit Süßspeisen.
Gesundheit: Wegen seines hohen Vitamin-C-Gehaltes schätzt man ihn vor allem im Winter und Frühjahr. Wirkt appetitanregend.

Schnittknoblauch

Herkunft: Seine Heimat sind China, Indien, Nepal und die Philippinen. In Europa gibt es Schnittknoblauch erst, seit die asiatische Küche immer mehr Anhänger findet.
Aroma: Er riecht und schmeckt, wie sein Name schon vermuten läßt, nach Knoblauch – wenn auch wesentlich dezenter.
Ernte: Schnittknoblauch wird Anfang April gesät. Innerhalb von drei bis vier Monaten entsteht eine 20 bis 50 cm hohe Pflanze, die ähnlich aussieht wie Schnittlauch. Erntezeit ist Juni bis Oktober, dabei werden die Blätter möglichst dicht am Boden abgeschnitten. Bundware gibt es ganzjährig in Gemüseläden und Asienshops.
Verwendung: Schnittknoblauch ist fein geschnitten fester Bestandteil der asiatischen Küche, schmeckt aber auch in deutschen Eintöpfen. Paßt in Kräuterquark oder -saucen und wie Schnittlauch auf Butterbrot.
Harmonie: Würzt perfekt alle asiatischen Gerichte. Kann aber auch anstelle des etwas intensiveren Knoblauchs verwendet werden.
Gesundheit: Wirkt wie Schnittlauch anregend auf Appetit und Verdauung.

Thymian

Herkunft: An sonnigen, felsigen Plätzen, vorzugsweise im Mittelmeerraum entwickelt Thymian sein intensivstes Aroma.
Aroma: Thymian hat einen angenehmen, würzig-süßlichen Duft und Geschmack. Zitronenthymian schmeckt nach Zitronen
Ernte: Die mehrjährige Pflanze ist auch hier winterhart. Blätter und junge Triebe kann man von Mai bis November ernten. Thymian blüht im Mai, seine zartrosa Blüten sind eine hübsche Dekoration.
Verwendung: Mit Thymian, frisch oder getrocknet, würzt man alle mediterranen Gerichte. Durch das Kochen entfaltet sich sein Aroma. Er ist fester Bestandteil der Kräuter der Provence. Frisch gehackter Zitronenthymian verleiht Salaten eine raffinierte, säuerlich-pikante Note. Vorsicht: Getrockneter Thymian würzt stärker als die frischen Blätter.
Harmonie: Ideale Verbindung mit Rosmarin, Salbei, Knoblauch und Oliven.
Gesundheit: Thymian wirkt unter anderem beruhigend sowie krampf- und schleimlösend bei Bronchitis und Asthma.

Tripmadam

Herkunft: Das auch unter den Namen »Steinkraut« oder »Mauerpfeffer« bekannte Küchengewürz findet man wildwachsend von Finnland bis Sizilien.
Aroma: Die fleischigen Blätter schmecken erfrischend säuerlich, mit zartem Bitterton. Man kann üppig damit würzen, das Aroma ist nicht sehr ausgeprägt.
Ernte: Häufig wird Tripmadam als Zierde im Steingarten angepflanzt. Das Kraut blüht im Juli und August, geerntet werden nur die stachligspitzen, graugrünen fleischigen Blätter.
Verwendung: Frisch geerntet und grob gehackt, verfeinert man damit Salate aller Art, vor allem Rohkost, sowie Kräuterdressings. Wird gerne zum Würzen von Gemüse oder Getreidebratlingen verwendet.
Harmonie: Aufgrund des zarten Aromas harmoniert Tripmadam mit fast allen anderen Kräutern.
Gesundheit: Wirkt bei Bluthochdruck und Arterienverkalkung.

Waldmeister

Herkunft: Er wird auch Maikraut genannt und wächst in schattigen Mischwäldern in Mittel- und Nordeuropa, vor allem unter Buchen.
Aroma: Duftet sehr intensiv nach Heublumen, etwas aufdringlich nach Parfüm. Der Duft entwickelt sich erst beim Trocknen.
Ernte: Die frischen, sternförmigen Blätter des Waldmeisters kann man im Mai und Juni kurz vor der Blüte ernten. Sobald er blüht, darf man ihn nicht mehr verwenden.
Verwendung: Berühmt wurde Waldmeister durch die Maibowle. Die frischen oder besser leicht angewelkten Blätter übergießt man mit Wein und läßt sie 10 bis 15 Minuten ziehen. Dann abseihen und mit Sekt aufgießen. Alle Kinder lieben ihn: den giftgrünen Wackelpudding mit Waldmeistergeschmack. Interessant: Waldmeister kurz in Milch einlegen und diese zu einer Creme verarbeiten.
Harmonie: Da das Kraut sehr aromatisch ist, sollte es nur solo verwendet werden.
Gesundheit: Wirkt beruhigend und hilft bei Schlafstörungen. Der Gehalt an Kumarin kann jedoch bei Überdosierung am nächsten Tag Kopfschmerzen verursachen.

Weinraute

Herkunft: Bereits in der Antike schätzte man in den Mittelmeerländern die Weinraute als Heil- und Würzkraut.
Aroma: Die Blätter verbreiten einen intensiven Geruch, der Geschmack ist ziemlich bitter, nicht sehr ansprechend.
Ernte: Die Blätter kann man von Juni bis August vor der Blüte ernten. Ab Juni beginnt die Weinraute zu blühen. Am besten gedeiht die mehrjährige, anspruchslose Pflanze an sonnigen Plätzen.
Verwendung: Man kann in kleinen Mengen Fleischgerichte, Saucen oder Salate damit würzen. Aber keinesfalls zuviel davon verwenden, das kann die Speisen bitter machen und bei größeren Mengen sogar schädlich sein. Verleiht Kräuterlikören und manchen Grappas den gewünschten bitteren Geschmack.
Harmonie: Vorsichtige Dosierung vorausgesetzt – mit vielen anderen Kräutern.
Gesundheit: Wirkt in schwacher Dosierung verdauungsfördernd und nervenstärkend, ist aber in größeren Mengen gesundheitsschädlich, da das ätherische Öl giftig ist.

Ysop

In der Bibel wird die wohltuende Wirkung von Ysop erwähnt, und die alten Griechen bereiteten – gemischt mit etwas Weinraute – daraus einen Tee, der Husten und Erkältungskrankheiten lindert. Heute ist Ysop Bestandteil vieler Gewürzmischungen und spezieller Kräuterliköre. Die kleingeschnittenen Blätter, aber auch die Blüten sind eine wohlschmeckende Dekoration für Blattsalate.

Herkunft: Ysop stammt aus Kleinasien. Heute wächst er im südlichen Mittel- und Osteuropa, aber auch in Nordafrika.
Aroma: Der Geschmack der Blätter und Blüten ist würzig, leicht minzeartig, jedoch mit feiner bitterer Note.

Kulinarisch und medizinisch wertvoll: Ysop.

Ernte: Von Juni bis August kann man die frischen Triebe und auch die Blüten ernten. Ysop blüht meist lila, manchmal auch rosa. Er benötigt viel Sonne und lockeren Boden, um sich optimal entfalten zu können. Gedeiht gut im Blumenkasten.

Verwendung: Ideal zum Würzen von Bohnen-, Tomaten- und Selleriesalat. Das kräftige Aroma paßt auch gut zu Kartoffelsuppen, Fleischragouts oder Eiergerichten. Möglichst nicht mitkochen, sonst verliert er viel von seinem würzigen, minzeartigen Geschmack. Auch getrockneter Ysop würzt noch intensiv.
Harmonie: Ysop verträgt sich gut mit Zwiebeln und Knoblauch sowie mit den meisten anderen Kräutern.
Gesundheit: Das Kraut wirkt schweißhemmend, krampflösend, harntreibend, appetitanregend und blutreinigend. Als Teeaufguß ist Ysop auch ein bewährtes Mittel bei Erkältungen, Bronchitis und Asthma.

Zitronengras

Die harten, bis zu eineinhalb Meter hohen Zitronengrasstengel gedeihen nur in tropischen Ländern. Sie sind vor allem in der asiatischen Küche ein unentbehrliches Gewürz. Hierzulande bekommt man Zitronengras, auch Zitronellgras genannt, in Asienläden und gut sortierten Gemüsegeschäften.

Herkunft: Länder mit tropischem Klima, wie Südindien, Ceylon, Java, Haiti oder Brasilien.
Aroma: Wie der Name schon verrät, schmeckt das Gras intensiv nach Zitrone, aber erst, wenn man die unteren Teile der verdickten Stiele zerreibt oder zerschlägt.

Zitronengras ist aus der asiatischen Küche nicht wegzudenken.

Ernte: Zitronengras wird frisch oder als Pulver meist aus Thailand importiert.

Verwendung: Die zwiebelartig verdickten Enden der Grasstengel werden abgeschnitten, dann zerquetscht und im ganzen mitgekocht oder fein geschnitten unter die Speisen gemischt. Getrocknetes und zerkleinertes Zitronengras muß man vor dem Verwenden im heißen Wasser einweichen. Wer gerne fernöstlich ißt, kann auf Zitronengras nicht verzichten. Es hält sich in Plastikbeutel verpackt im Kühlschrank einige Tage und kann auch eingefroren werden.
Harmonie: Verträgt sich mit vielen asiatischen Kräutern und Gewürzen, besonders mit Kokosaroma.
Gesundheit: Macht Appetit und gute Laune.

Zitronen-melisse

Von der Heilwirkung der Melisse wußte man bereits bei Griechen und Römern. Die Benediktinermönche brachten das aromatische Kraut über die Alpen. Wiederum Mönche, nämlich die Karmeliter, erfanden dann 1611 den Melissengeist. Bis heute ist er ein bewährtes Haus- und Heilmittel; innerlich oder äußerlich angewendet, bekämpft er beinahe jedes Zipperlein.

Herkunft: Zitronenmelisse stammt aus Vorderasien, den Ländern rund ums Mittelmeer und dem Kaukasus.
Aroma: Im Garten oder im Topf verströmt die Zitronenmelisse beim

kleinsten Windhauch einen intensiv säuerlichen, zitronenähnlichen Duft. Dieser entfaltet sich jedoch nur vor der Blüte. Wenn die Pflanze blüht, ändern sich die Wirkstoffe, Geruch und Geschmack werden eher unangenehm. Der Name »Bienenkraut« zeigt, daß Zitronenmelisse ein beliebtes Bienenfutter ist. Die kleingeschnittenen Blätter geben vielen Speisen ein erfrischendes Aroma.

Zitronenmelisse wächst unproblematisch an geschützten Plätzen. Sie ist ein erfrischendes Kraut für süße und pikante Gerichte.

Ernte: Die Blätter sind von Juli bis Oktober am aromatischsten. Es ist sinnvoll, die Pflanze immer wieder zurückzuschneiden, damit sie buschiger wächst und größere Blätter treibt. Die mehrjährige Pflanze liebt warme, windgeschützte Standorte und humusreichen Boden.
Verwendung: Vorzugsweise frisch verwenden. Sie paßt vorzüglich zu Speisen, die man mit Zitrone würzt, da Zitronenmelisse das Zitrusaroma optimal unterstreicht. Gibt süßen und pikanten Quarkspeisen Pfiff, macht Pilz- oder Eierspeisen raffinierter und verleiht Cocktails mit und ohne Alkohol zusätzlich eine frische Note. Getrocknete Zitronenmelisse verliert den Zitrusduft und viel von ihrer herrlichen Frische, ist aber dennoch beliebt als Kräutertee. Während des kräuterarmen Winters empfiehlt sich ein Töpfchen mit Melisse auf der Fensterbank, oder man legt sich für diese Zeit einen Vorrat auf Eis (siehe Seite 17).
Harmonie: Alles, was mit Zitrone abgeschmeckt ist, verträgt sich auch mit Zitronenmelisse – egal, ob süße oder pikante Speisen.
Gesundheit: Die Liste der Heilwirkungen ist lang. Tee und auch Melissengeist sind nervenstärkend, helfen bei Kopf- und Zahnschmerzen sowie Schlaflosigkeit. Zitronenmelisse wirkt beruhigend bei nervösen Magen-Darm-Beschwerden; vor einiger Zeit hat man ihr sogar virushemmende und bakterizide Eigenschaften bescheinigt.

Wildkräuter

Ursprünglich wuchsen sie alle wild: auf Äckern, Wiesen und in Wäldern. Viele Kräuter wurden kultiviert. Man findet sie heute entweder in Kräutergärten oder auf großen Plantagen, aber nur noch vereinzelt wildwachsend. Die echten Wilden wachsen und gedeihen ganz ohne Einfluß von Menschenhand dort, wo sie sich wohl fühlen. Die meisten sind würziger und oft auch nahrhafter als Kulturpflanzen. Und das Beste daran: Man bekommt sie zum Nulltarif – wenn man nur die Augen offen hält.

Bärlauch

Vorkommen: Wächst und gedeiht in feuchten und schattigen Laubwäldern, in günstigen Lagen oft sehr üppig, so daß der Waldboden aussieht wie ein grüner Teppich. In manchen Regionen steht Bärlauch allerdings unter Naturschutz.
Aroma: Duftet und schmeckt wie Knoblauch, nur etwas milder.
Ernte: Von März bis Anfang Mai darf geerntet werden, nach der Blüte ab Mai nicht mehr pflücken. Vorsicht: Die Blätter sehen denen der giftigen Maiglöckchen zum Verwechseln ähnlich. Am besten, man vertraut seiner Nase: Nur Bärlauch riecht nach Knoblauch.
Verwendung: Frisch und fein geschnitten aufs Butterbrot und in Salate, fein gemixt mit Olivenöl und Pinienkernen als Pesto oder kurz gedünstet unter Pasta oder Risotto.
Gesundheit: Das eisenhaltige Kraut wirkt blutbildend, appetitanregend und bei Magen-Darm-Störungen. Außerdem hat es alle positiven Eigenschaften von Knoblauch, mit einer Ausnahme: man riecht nicht danach.

Brennessel

Vorkommen: Wächst und wuchert grundsätzlich überall, bevorzugt in der Nähe menschlicher Ansiedlungen.
Aroma: Die jungen, frischen Triebe schmecken würzig und aromatisch, ein wenig wie Spinat.
Ernte: Man pflückt die jungen Sprossen und Blätter am besten vor der Blüte von März bis Juni. Die Hände dabei unbedingt mit Handschuhen schützen.
Verwendung: Blätter hacken und kurz mit kochendem Wasser überbrühen, damit die Brennwirkung weg ist. Dann unter Quark, Kräutersaucen und Salate mischen. Aus Brennesseln bereitet man Suppen oder gemischt mit anderen Wildkräutern, wie Löwenzahn oder Giersch, ein raffiniertes Gemüse.
Gesundheit: Brennesseln sind reich an Vitaminen und Mineralsalzen und unterstützen die Blutbildung. Geschätzt werden sie wegen ihrer reinigenden und entwässernden Wirkung. Ein Teeaufguß aus getrockneten Brennesseln lindert Gallen- und Leberbeschwerden.

Gänseblümchen

Vorkommen: Zu jeder Jahreszeit und auf fast allen Grasflächen blüht das Gänseblümchen.
Aroma: Blätter wie auch Blüten schmecken leicht nußartig.
Ernte: Das ganze Jahr hindurch – vor allem von März bis Juni –, und zwar die jungen Blätter der Grundrosetten, die Blütenknospen und auch die Blüten.
Verwendung: Die jungen, zarten Blätter schmecken fein gehackt mit Schnittlauch vermischt auf Butterbrot oder unter Salate gemengt. Die jungen Blätter mit einer würzigen Vinaigrette anmachen, etwa 30 Minuten durchziehen lassen und unter Kartoffelsalat mischen. Die noch geschlossenen Blütenknospen kann man in Essig einlegen und wie Kapern verwenden. Die hübschen Blüten streut man über Blattsalate.
Gesundheit: Gänseblümchen regen die Verdauung an und stärken die Leber. Ißt man im Frühjahr regelmäßig Gänseblümchen, ist das eine gesunde und wirksame Blutreinigungskur.

Giersch

Vorkommen: Vom Flachland bis in die Voralpen. Die meterhohe Doldenpflanze – auch Geißfuß genannt – wächst bevorzugt in schattigen Wäldern entlang von Hecken oder Zäunen.
Aroma: Würzig frisch, erinnert ein wenig an Petersilie.
Ernte: Am aromatischsten sind die Blätter vor der Blüte, also bis Mai. Man kann die Blätter aber auch anschließend noch pflücken, allerdings sind sie dann noch würziger und haben etwas mehr Biß.
Verwendung: Aus den Blättern bereitet man allein oder gemischt mit anderen Wildkräutern, wie Löwenzahn, Gemüse, Salate oder Suppen zu. In der grünen Suppe oder Neunerlei-Kräutersuppe, die am Gründonnerstag heute noch vielerorts auf der Speisekarte steht, darf Giersch auf keinen Fall fehlen.
Gesundheit: Früher wurde Giersch als Hausmittel gegen Gicht, Ischias und Rheuma geschätzt und hatte im Volksmund deshalb den Namen »Gichtkraut«. Es heißt auch Zipperleinskraut.

Gundermann

Vorkommen: Gundermann oder Gundelrebe wächst bevorzugt an schattigen, feuchten Plätzen und bildet meterlange Triebe mit herzförmigen Blättern.
Aroma: Das Kraut hat einen würzigen, fast scharfen Geschmack, minzeähnlich und ein wenig bitter.
Ernte: Vor der Blüte von März bis Juni ernten, dann ist das Aroma der Blätter besonders intensiv.
Verwendung: Mit den kleinen, fein gehackten Blättern würzt man Rohkost, Kräuterquark, Salate und Kräuterbutter. Oder man bereitet daraus feine Kräutersuppen oder -saucen zu. Die kleinen Blüten kann man als eßbare Dekoration von Salaten oder auch Desserts verwenden. Gundermann harmoniert gut mit Minze oder Zitronenmelisse, aber auch mit Borretsch, Schnittlauch und Zwiebeln.
Gesundheit: Gundermannblätter mobilisieren den Stoffwechsel und bringen den Kreislauf in Schwung. Ein Aufguß der Blätter wurde früher häufig zum Gurgeln bei Husten benützt und als lindernde Spülung bei Zahnschmerzen.

Löwenzahn

Von Feinschmeckern geliebt, von Hobbygärtnern gehaßt, das ist das allgegenwärtige »Unkraut« – der Löwenzahn. Die jungen Blätter, im Frühjahr vor der Blüte geerntet, bereichern jeden Salat. Deshalb wird das wilde Kraut auch kultiviert, und man kann es mittlerweile fast ganzjährig beim Gemüsehändler kaufen. Aber wer wilden Löwenzahn kennt, wird ihn dem gezüchteten sicher vorziehen.

Am besten schmecken die jungen inneren Blätter des Löwenzahns: als Salat oder kurz gedünstet als zartes Gemüse. Die Blüten dagegen sind eine reine Augenweide (Foto unten).

Vorkommen: Überall, wo etwas wachsen kann, ist Löwenzahn vertreten. Auf Wiesen, die stark gedüngt werden, sollte man nicht sammeln.
Aroma: Die jungen Blattrosetten haben einen aromatisch bitteren Geschmack, der gewöhnungsbedürftig ist. Je kleiner die Pflanzen, um so intensiver schmecken sie.
Ernte: Verwenden sollte man nur die jungen, zarten Blätter. Sobald die Blätter zu groß sind, schmecken sie unangenehm bitter. Auch die Blüten kann man essen, solange sie noch klein sind und sich nicht geöffnet haben. Liebhaber der Vollwertküche legen die Blütenknospen wie Kapern in Salzlake ein.
Verwendung: Ein Klassiker ist das französische Rezept »Pissenlit au lard« ein Löwenzahnsalat mit gerösteten Speckwürfeln. Einige Löwenzahnblätter verleihen Blattsalaten eine würzig-bittere Note. Auch kurz gedünstet sind die Blätter ein Genuß. Die Löwenzahnknospen werden blanchiert und mit Salz, Essig und Gewürzen eingelegt – so schmecken sie vorzüglich. Und die Blüten können als Dekoration verwendet werden.
Gesundheit: Geschätzt wird vor allem die harntreibende Wirkung des Löwenzahns. Er wird gerne zur Entschlackung in der Frühjahrskur verwendet. Auch bei Nieren- und Lebererkrankungen hat sich die Heilkraft seiner Bitterstoffe bestens bewährt.

Sauerklee

Vorkommen: Wächst in feuchten, schattigen Laub- und Nadelwäldern.
Aroma: Schmeckt ähnlich wie Sauerampfer, ein wenig säuerlich und sehr erfrischend.
Ernte: Wie fast alle Kräuter und Wildkräuter erntet man die Blätter, bevor sich die kleinen weißen Blüten gebildet haben.
Verwendung: Die frischen, säuerlichen Blätter mischt man unzerkleinert unter Blattsalate, kleingehackt unter Kräuterquark, Vinaigrette oder Remouladensaucen. Die kleingeschnittenen Blätter verfeinern auch Gemüse- und Fischsuppen,

Sauerklee schmeckt erfrischend säuerlich.

Eierspeisen und Risotto sowie Geflügelgerichte. Sehr dekorativ: einige in Nudelteig eingearbeitete Blätter.
Gesundheit: Regt den Appetit und die Verdauung an, wirkt harntreibend. Wer unter Rheuma, Nieren- und Herzerkrankungen leidet, sollte auf Sauerklee verzichten.

Vogelmiere

Vorkommen: Ein anspruchsloses Kraut, das sich an Hecken, in Gärten und Weinbergen wohl fühlt. Es bildet einen dichten Teppich.
Aroma: Vogelmiere ist ohne Duft und hat einen zarten, bittersäuerlichen Geschmack.
Ernte: Von März bis Oktober, selbst in milden Wintern kann man die Vogelmiere ernten.
Verwendung: Wegen des zurückhaltenden Eigengeschmacks kann man Vogelmiere gut mit anderen, scharfen Wildkräutern mischen. Die kleinen Blätter schmecken roh oder kurz gedünstet. Das frische,

Vogelmiere hat einen zarten Geschmack.

gehackte Kraut bereichert zarte Frühlingsgemüse, wie Möhren, Spargel oder Kohlrabi.
Gesundheit: Vogelmiere enthält viel Kalium und wirkt deshalb auch mild entwässernd.

Wiesenschaumkraut

Vorkommen: Bedeckt die Wiesen im Frühjahr wie ein zarter Schaum.
Aroma: Leicht bitter mit säuerlichem Ton.
Ernte: Die jungen zarten Blätter werden vor der Blüte und die jungen Stengelspitzen mit den Knospen bevorzugt von April bis Mai geerntet.
Verwendung: Blätter, Stengelspitzen und Knospen schmecken roh unter Kräuterquark oder Salat gemischt.
Gesundheit: Wiesenschaumkraut enthält ein intensives ätherisches Öl, das den Stoffwechsel ankurbelt. Deshalb ist es als Beigabe in Salaten beliebt für Frühjahrskuren.

Wiesenschaumkraut ist leicht bittersäuerlich.

Aufgrund seines hohen Vitamin-C-Gehalts war Wiesenschaumkraut früher ein geschätztes Mittel gegen Skorbut; es stabilisiert die Abwehrkräfte.

Perfektes Zusammenspiel

Kochen mit Kräutern ist weit mehr als Petersilie über Salzkartoffeln oder Schnittlauch in der Fleischbrühe. Kräuter sorgen für Raffinesse bei Vorspeisen, Gemüse-, Fleisch- oder Fischgerichten, aber auch Desserts. Perfekt kombiniert, krönen Kräuter einfache Gerichte, wie Nudeln, Kartoffeln oder Reis, und machen aus ihnen kulinarische Offenbarungen. Besonders gelungene Kombinationen frischer Kräuter sind mittlerweile Klassiker der feinen Küche. Damit sollte man sich jedoch nicht zufriedengeben. Am besten man probiert selbst aus, welches Kraut wozu paßt – es gibt immer wieder tolle Überraschungen.

Pesto
Basilikumblätter, Knoblauchzehen, Pinienkerne, Meersalz, Parmesan und Olivenöl, alles von bester Qualität und ganz frisch, das sind Zutaten, die Genießerherzen höher schlagen lassen. Den grünen Klassiker aus Italien, der in der Provence genauso beliebt ist und dort Pistou heißt, bereitet man am besten im Mörser zu.

Gremolata
Frisch gehackte Petersilie, abgeriebene Zitronenschale und fein gehackte Knoblauchzehen – diese erfrischend aromatische Mischung wird kurz vor dem Servieren über das klassische Mailänder Fleischgericht Ossobuco gestreut. Es harmoniert aber auch mit al dente gekochter Pasta oder schmeckt im Risotto.

Kräuter der Provence
Seit vielen Generationen werden in der Provence die wildwachsenden Kräuter – frisch oder getrocknet – miteinander kombiniert und zum Würzen verwendet. Jeder Franzose schwört dort auf seine eigene, geheime Kreation, aber immer enthalten sind Salbei, Thymian, Rosmarin und Oregano.

Bouquet garni
Bestehend aus Petersilie, Lorbeer und Thymian bildet das Bouquet garni ein Kräutersträußchen. Es ist für jeden Koch eine unverzichtbare Kombination zum Würzen von Brühen oder Eintöpfen. Wichtig ist das richtige Mengenverhältnis der Kräuter, damit kein Kraut dominiert.

Frisches Basilikum: klassisch mit Tomaten, Mozzarella und Olivenöl
Der Klassiker der italienischen Küche sieht nicht nur verführerisch aus, die verschiedenen Aromen harmonieren auch optimal miteinander. Am besten schmeckt das Gericht natürlich im Hochsommer, wenn man von der Sonne verwöhnte Tomaten und Basilikumblätter dafür verwendet.

Dill: immer mit Gurken – als Salat, Gemüse oder eingelegt
Gurken und Dill sind wie füreinander geschaffen. Der süßlich würzige Dill gibt dem etwas wässerigen Gurkengeschmack Pfiff, sei es bei rohen Gurken, bei Schmorgurken oder bei eingelegten Gurken. Dill paßt aber auch sehr gut zu Fisch, vor allem zu frischem und geräuchertem Lachs.

Bohnenkraut: perfekt mit Bohnen, frisch und getrocknet
Wie der Name vermuten läßt, passen Bohnen und Bohnenkraut ideal zusammen. Aber nicht nur knackige Stangenbohnen schmekken durch mitgekochtes Bohnenkraut aromatischer, auch ein Salat aus gekochten Bohnenkernen bekommt durch frisches, gehacktes Bohnenkraut das gewisse Etwas.

Petersilie: ein Muß zu Pilzen – ob aus dem Wald oder gezüchtet
Frisch gehackte Petersilie verleiht vielen Gerichten nicht nur frisches Aussehen, sondern auch ein feines Aroma. Sehr gut harmoniert das Lieblingskraut der Deutschen mit Pilzgerichten. Die Petersilie aber immer zum Schluß unter die Speisen mischen.

Frühlingskräuter: unwiderstehlich mit Milchprodukten
Gibt es etwas Besseres als mildsäuerlichen Speisequark, Ricotta oder Frischkäse vermischt mit frischen Frühlingskräutern, wie Petersilie, Schnittlauch, Kerbel, Estragon und Dill? Ob mit Brot oder Pellkartoffeln – der Genuß ist unwiderstehlich.

Zitronengras und frischer Koriander: asiatisch mit Wokgerichten
Ob man nun Gemüse solo oder gemischt mit Fleisch, Geflügel oder Fisch im Wok pfannenrührt, das bleibt dem persönlichen Geschmack überlassen. Aber fein gehacktes Zitronengras und frisches Koriandergrün sorgen immer für einen asiatischen Touch.

COLOMBO

Die Welt der Gewürze

Ohne die verführerischen Düfte und Aromen der Gewürze wäre essen nur halb so schön. Bereits kleinste Mengen können ganz einfache Gerichte zu kulinarischen Highlights machen. Die Kunst des raffinierten Würzens ist es, den Eigengeschmack der Speisen zu unterstreichen und auf keinen Fall zu übertönen.

Gewürze aus aller Welt

Wie selbstverständlich wird heute zu Pfeffer, Zimt, Nelken, Kümmel oder Piment gegriffen, um Speisen Pfiff zu geben und sie bekömmlicher zu machen. Doch das war nicht immer so. Bis ins 15. Jahrhundert hinein kannte man in Europa häufig nur Salz zum Würzen von Speisen.

Fernando Magellan (1480 – 1521) erhielt von Karl V. den Auftrag, die Gewürzinseln (Molukken) auf dem Westweg zu erreichen. Foto rechts: »Der Muscatenbaum« aus einem Bilderbuch für Kinder von 1792.

Die Ursprünge des Gewürzhandels

Die Völker des Mittelmeeres handelten seit je mit Gewürzen. Zur Zeit der alten Kulturvölker gab es noch keine exakte Trennung zwischen Nahrungs-, Medizin- und Opferpflanzen. Bereits dreitausend Jahre vor Christi Geburt verwendeten die Menschen Gewürze in ihren Speisen – dies belegen Ausgrabungen im Irak sowie Funde in Asien und China. Über die gesundheitliche Wirkung der Gewürze waren sich die Menschen damals schon bewußt, denn es ist überliefert, daß chinesische Würdenträger bei Hofe Gewürznelken kauten, um ihren Atem zu erfrischen. Die Phönizier waren es dann, die etwa tausend Jahre vor Christus Handelszentren an verschiedenen Orten im Mittelmeerraum gründeten. Hier verkauften sie unter anderem Zimt und Nelken, die sie aus China und Indien importierten.

Es entwickelte sich eine rege Handelsbeziehung zwischen Morgen- und Abendland, die durch die Eroberungen Alexanders des Großen noch intensiviert wurden. Handelswege zu Wasser und zu Lande entstanden. Der Landweg – die Seidenstraße – führte von China über Persien an die Mittelmeerküste.
Der Seeweg verband Indien und die arabischen Länder. Neben Waren fanden auf diesen Wegen im Laufe der Zeit auch fremde Sitten und Gebräuche Verbreitung.

Venedig – Tor zur Welt

Bereits in den ersten Jahrhunderten nach Christi Geburt kam Venedig eine Schlüsselposition im Gewürzhandel zu. Die venezianischen Kaufleute machten sich die günstige Lage der Lagunenstadt zunutze: Venedig wurde Umschlagplatz für Waren, die ihren Weg aus dem Osten über Griechenland nahmen und mit erheblichen Gewinnen nach West- und Mitteleuropa weiterverkauft wurden. Durch die Erweiterung der Seewege entwickelte sich auch

Brügge zum bedeutenden Umschlagplatz für Waren, die nach Nordwesteuropa transportiert werden sollten. Bis ins 15. Jahrhundert hinein konnte Venedig seine Position im Welthandel ausbauen und behaupten.

Streit um wirtschaftliche Vormacht

Als die Portugiesen sahen, welcher Reichtum den Venezianern durch ihren Handel mit exotischen Waren zuteil wurde, versuchten sie, deren Monopol zu brechen. Mit der Entdeckung der Südspitze Afrikas war den Portugiesen ein wesentlicher Durchbruch im Welthandel geglückt, nun hieß es, diese Vormachtstellung zu halten. Das machte es nötig, den Seeweg nach Japan und China zu finden, diesen geheimnisvollen Ländern, von denen die Europäer seit den Reisen Marco Polos träumten. Der Portugiese Vasco da Gama machte sich mit mehreren Schiffen auf die Suche danach, da er das große Geschäft für Portugal vermutete. Er hatte Erfolg, und schon von seiner zweiten Reise dorthin brachte er 5000 Tonnen Pfeffer und 35 000 Zentner anderer Gewürze mit. Dadurch erzielten die Portugiesen beträchtliche Gewinne. Für die Venezianer und die Araber bedeuteten die portugiesischen Handelserfolge dramatische Umsatzeinbußen.

Den Portugiesen und Spaniern folgten die Engländer auf ihren Entdeckungsreisen in unbekannte Welten. So kämpferisch die Auseinandersetzungen auch waren, sie legten den Grundstein für die Vernetzung der internationalen Märkte und führten über die Jahrhunderte zu einem regen Austausch, der die Menschen in den Genuß exotischer Waren kommen ließ.

Die Handelsgesellschaften

Allen voran bemühten sich die Holländer, den Portugiesen den ersten Rang als Handelsmacht streitig zu machen. Sie gründeten 1602 die Holländisch-Ostindische Kompanie. Bei einer kriegerischen Auseinandersetzung mit den Portugiesen gelang es den Holländern, die Macht auf den Molukkeninseln an sich zu bringen und damit das Monopol der Portugiesen zu brechen. Die Holländisch-Ostindische Kompanie bildete über zwei Jahrhunderte hinweg die wirtschaftliche Basis der Niederlande.

Im Jahr 1600 wurde in England die East India Company gegründet. Die britische Krone wollte keinesfalls die einträglichen Geschäfte im Osten

Knoblauchernte Ende des 14. Jahrhunderts (Illustration aus dem Hausbuch der Cerruti).

anderen überlassen. Sie unterstützte draufgängerische Seefahrer, wie Francis Drake, James Lancaster und später James Cook, die den britischen Handelsgesellschaften ihren Anteil an der exotischen Beute sicherte.

Duftendes »Gold«

Marco Polo prüft den schwarzen Pfeffer bei der Ernte auf einer Plantage an der südindischen Malabarküste (Miniatur, um 1410–1415).

Es gab zahlreiche blutige Auseinandersetzungen um das Monopol im Gewürzhandel, denn wer es besaß, konnte sich einen reichen Mann nennen. Erst mit dem systematischen Anbau in Gewürzplantagen wurden die begehrten Aromen aus den exotischen Ländern auch für eine breitere Schicht erschwinglich.

Ein Garten der Lüste

Dem Botaniker Pierre Poivre gelang es im 18. Jahrhundert, einige der so gefragten Gewürzpflanzen auf den Inseln Réunion und Mauritius anzubauen. Ein wichtiger Schritt, die ständigen Streitigkeiten der Nationen um die Vorherrschaft im Gewürzhandel zu beenden. Der Jardin des Pamplemousses auf Mauritius war einer der ersten botanischen Gärten – und ein überaus vorbildlicher. Von hier aus gelangten exotische Pflanzen zu Züchtern an verschiedenen Standorten. Aber anfangs waren die Ergebnisse noch nicht zufriedenstellend, denn die Pflanzer hatten wenig Erfahrung mit den fremden Gewächsen. Sie wußten praktisch nichts über deren Ansprüche an Klima, Lage und Boden. Und häufig waren sie auch

Pfefferstrauch mit Früchten

ungeduldig, weil sie nicht wußten, daß Gewürzbäume viel Zeit brauchen, bis sie überhaupt Früchte tragen – oft mehrere Jahre.
Der florierende Gewürzhandel führte dazu, daß viele Scharlatane ihr Unwesen trieben. Sie verlängerten Gewürze mit Schießpulver, um das Gewicht zu erhöhen, oder vermischten minderwertige Ware mit Duftstoffen. Und einzelne Händler nutzten diesen Zustand aus, indem sie dem verunsicherten Verbraucher zwar hochwertige Ware anboten, allerdings astronomische Preise dafür verlangten.

Seefahrer waren die Helden ihrer Zeit: Umgeben von Seegöttern und Fabelwesen fährt der Seefahrer in die Weiten des Ozeans (kolorierter Stich von 1594).

Gewürze in der Literatur

Gewürze waren schon immer Gegenstand der Literatur oder schriftlicher Überlieferungen. Erste Hinweise auf die Verwendung von Gewürzen finden sich auf Tafeln, die man bei Ausgrabungen in Uruk, der Hauptstadt Babyloniens, gefunden hat. Ähnlich alt ist eine chinesische Abhandlung, in der erstmals Zimt erwähnt wird.
Auch das alte Testament enthält zahlreiche Andeutungen über den Gebrauch von Gewürzen. Beim Bau der Bundeslade wurden duftende Gewürzmaterialien als Räucheropfer verbrannt, und im Hohelied finden sich unzählige Verweise auf wohlriechende Gewürze.
Aus dem Rolandslied, dem französischen Heldengedicht des Mittelalters, erfährt man, daß die Toten der Schlacht vor ihrer Bestattung mit Pfeffer und Wein gewaschen werden. Und wer kennt sie nicht – die bezaubernden Erzählungen der Scheherazade aus Tausendundeiner Nacht, die neben Märchen und Liebesgeschichten auch die Erlebnisse der Kaufleute auf ihren Handelsreisen schildern. Nicht wegzudenken natürlich die voller Abenteuer steckenden Reiseberichte des Marco Polo. Die in schillernden Farben beschriebenen und exotisch anmutenden Länder erweckten bei seinen europäischen Zeitgenossen große Sehnsucht. Weniger bunt, jedoch nicht minder interessant sind viele botanische Abhandlungen über Gewürze, die im Laufe der Geschichte entstanden.

Gewürze – begehrt und teuer

In den Anfängen des Gewürzhandels waren Gewürze so teuer, daß nicht jedermann in ihren Genuß kommen konnte. Welche Bedeutung sie hatten, beweisen historische Berichte. Kaiser Konstantin zum Beispiel machte dem Papst als Zeichen seiner Wertschätzung neben Gold und Silber auch Gewürze zum Geschenk. Da Gewürze so begehrt waren, was lag da näher, als sie mit hohen Steuern zu belegen – eine beträchtliche Einnahmequelle für die Städte.
Vor allem der Pfefferpreis soll hervorgehoben werden, den nur bezahlen konnte, wer betucht war oder eben ein »Pfeffersack«, so das Schimpfwort aus den Anfängen des Gewürzhandels.

Genuß und Prestige

Zu einem festlichen Mahl gehörten stark gewürzte Speisen – wenn man sich die teuren Gewürze leisten konnte (Peter Brueghel d. Ä., Dorfhochzeit, 1567).

Gewürze gehören ganz selbstverständlich zum Alltag. Sie sollen Speisen geschmacklich abrunden oder ihnen eine individuelle Geschmacksnote verleihen – jedoch in Maßen. Für den Gaumen ist ein Gericht schnell von einem bestimmten Gewürz dominiert und damit ungenießbar. Das war nicht immer so. Als die Gewürze neu und geheimnisvoll waren, liebte man den intensiven Geschmack, ein Symbol für Wohlstand und Exotik.

Eine Frage des Geschmacks

Es ist kein Privileg unserer Zeit, über eine Vielzahl an exotischen Gewürzen zu verfügen. Die Menschen im Mittelalter verbrauchten etwa hundertmal soviel Gewürze wie wir heute. Zwar waren sie zur damaligen Zeit schwer zu beschaffen und deshalb teuer. Doch was man so teuer bezahlte, sollte man auch schmecken, deshalb der großzügige Umgang damit – wenn man es sich leisten konnte. Ob damit unliebsame Geschmacksnuancen von leicht verdorbenen Zutaten übertönt werden sollten, ist Spekulation. Zumindest stammt die Vorliebe für Gewürze aus einer Zeit lange vor der Entdeckung wirksamer Mittel zur Haltbarmachung. Eine angenehme Begleiterscheinung des verschwenderischen Gewürzverbrauches war, daß die meist sehr üppigen Speisen bekömmlicher wurden. Außerdem lebten die Menschen äußerst gesundheitsbewußt in jener Zeit, allerlei Diäten, Allheilmittel und Drogen waren im Umlauf. Vielleicht sahen sie in faszinierenden Gewürzen ein Heilmittel gegen die Übel der Welt. Safran, Kardamom und Myrrhe wurden bei empfindlichem Magen verordnet und Gewürznelken sollten vor der Pest schützen. Viele Gewürze, allen voran Safran und Pfeffer, galten als Aphrodisiaka.
Ein weiterer Grund für den hohen Verbrauch mag in der Gewöhnung liegen. Wer von klein auf ausschließlich stark gewürzte Speisen ißt, wird jedes wenig oder gar nicht gewürzte Gericht geschmacklos finden.
Auf jeden Fall war die Verwendung von Gewürzen Prestigesache. Nicht jeder konnte sich die exotischen Würzmittel leisten. Als nach der Entdeckung der Gewürzstraße gegen Ende des 15. Jahrhunderts der Preis für die kostspieligen Gewürze stark sank, war das fast völlige Verschwinden der Nachfrage nach Pfeffer, Muskat, Zimt und Nelken die Folge.

Die Dosierung von Gewürzen ist reine Geschmackssache.

Interview mit Uwe Paap, Leiter des Hot Spice Gewürzmuseums

Hot Spice Gewürzmuseum
Am Sandtorkai 32
20457 Hamburg
Telefon 040/367989
http:\\www.hotspice.de

Sie haben ein Gewürzmuseum! Wie sind Sie auf die Idee gekommen, ein Museum für Gewürze zu eröffnen?

Paap: Ich hatte mich gerade selbständig gemacht mit Informationsbriefen über Gewürze, die wir weltweit vertreiben, und mit Beratung von Gewürzerzeugern. Dafür wollten wir Werbung machen und haben alle Utensilien aufgebaut, die wir über Gewürze zusammengetragen haben. So entstand das Museum.

Können Sie kurz beschreiben, was die Besucher erwartet?

Paap: In meinem Museum können die Besucher bis zu 60 Gewürze – gemahlen und ungemahlen – sehen, beschnuppern und anfassen. In den Ausstellungsräumen kann man zudem die gesamte Gewürzproduktion nachvollziehen. Mehr als 600 alte Maschinen und andere antike Exponate, die für die Gewürzherstellung benötigt werden, sind ausgestellt. Dadurch wird klar, welcher Aufwand und welche Mühe nötig sind, bis man sein Essen mit Pfeffer, Paprika oder Ingwer würzen kann.

Nach den USA ist Deutschland der zweitgrößte Gewürzimporteur der Welt. Welche Gewürze führen bei uns die Hitliste an?

Paap: Bei einer Umfrage im Gewürzmuseum 1998 kam folgende Hitliste der Gewürze zustande: Nummer eins ist unangefochten Pfeffer, gefolgt von Paprika. Gegenüber der Umfrage von 1991 ist Basilikum von Platz 14 dieses Jahr auf Platz drei gerutscht und hat Muskat vom dritten auf den achten Platz verdrängt. Die Nummer vier in der Beliebtheit nimmt Curry ein, dann folgen Oregano, Petersilie, Zimt, Muskat, Majoran, Knoblauch, Thymian, Kümmel, Chili, Rosmarin und auf Platz 15 die Nelken. Die letzte Stelle, mit nur einer Nennung, nimmt der Beifuß ein – sicherlich nicht zuletzt deshalb, weil man ihn vor allem zum Würzen von fetten Speisen nimmt, wie Gans und fettem Schweinefleisch, und weil auch diese Gerichte nicht mehr so häufig auf den Tisch kommen.

Welche Gewürze sind Ihrer Meinung nach besonders im Trend?

Paap: Bei den Kräutern ist sicherlich Basilikum das beliebteste Würzkraut, bei den Gewürzen sind es die asiatischen Gewürze, allen voran die Gewürzmischung Curry.

Können Sie uns ein paar Tips und Tricks im Umgang mit den Gewürzen verraten?

Paap: Man sollte sie kühl, dunkel und trocken aufbewahren. Optimal ist der Kühlschrank, jedoch recht unrealistisch. Auf keinen Fall sollte das Gewürzbord über dem Herd angebracht sein.
Die Verfallsdaten auf den Packungen sind Minimalanforderungen, die meisten Gewürze halten länger. Unzerkleinerter Pfeffer kann sich bei trockener Lagerung durchaus bis zu dreißig Jahre halten.

Haben Sie ein Lieblingsgewürz?

Paap: Da ich deutsche Hausmannskost liebe, ist mein Gewürzfavorit der Majoran.

Die Qual der Wahl

Gewürze am besten unzerkleinert kaufen. So bleibt ihr Aroma am längsten erhalten.

Internationale Handelsbeziehungen lassen das Angebot an exotischen Gewürzen ständig wachsen, die Wahl des richtigen Würzmittels wird schwieriger. Neben den vielen Einzelgewürzen sind Pizza-, Salat-, Steak-, Geflügel- oder exotische Würzmischungen auf dem Vormarsch. Häufig steht der Kunde ratlos vor dieser Vielfalt: Nach welchen Kriterien soll er seine Wahl treffen?

Gewürzkauf im Supermarkt

Die meisten Supermärkte verfügen über ein breites Angebot. Da in diesen Geschäften der Warenumsatz relativ hoch ist, kann man davon ausgehen, daß die Gewürze frisch und aromatisch sind. Ungemahlene Gewürze bleiben natürlich länger aromatisch und frisch als gemahlene Ware. Bei Bedarf erst frisch zerkleinert, entfalten sie ihr herrliches Aroma. Häufig hat man aber nicht die Wahl, denn die meisten Gewürze sind bereits gemahlen und in kleine Schraubgläser oder Streudosen abgefüllt. Dann auf jeden Fall undurchsichtige Behälter oder dunkle Gläser vorziehen, sie schützen das Aroma. Des weiteren nur kleine Mengen kaufen, denn das Aroma, vor allem von gemahlenen Gewürzen, verduftet im wahrsten Sinne des Wortes rasch.

Kennzeichnungspflicht

Alle abgepackten Gewürze unterliegen der Kennzeichnungspflicht für Lebensmittel. Demnach müssen auf jedem Gewürz und jeder Gewürzmischung folgende Angaben stehen:
die richtige Verkehrsbezeichnung, das heißt der Gewürzname,
die exakte Füllmenge in Gramm,
Name und Anschrift des Herstellers,
bei Mischungen die einzelnen Zutaten, und zwar in der Reihenfolge ihres gewichtsmäßigen Anteils.

Mischungen, Zubereitungen, Salze und Extrakte

Gewürzmischungen, wie Gulasch-, Grill- oder Pizzagewürz, müssen reine Gewürze enthalten. Nichts anderes, nicht einmal Salz darf hinzugefügt werden.
Gewürzzubereitungen müssen laut Gesetz lediglich sechzig Prozent echte Gewürze enthalten, und bis zu fünf Prozent Kochsalz können ohne Kennzeichnungspflicht hinzugefügt werden. Auch andere Zusätze, wie Bierhefe, Glutamat oder Stärke, müssen nicht auf der Zutatenliste erscheinen. Gewürzzubereitungen können flüssig, pastenförmig oder körnig sein.
Gewürzsalz gibt es in unterschiedlichen Geschmacksrichtungen. Die Mischung muß mindestens 25 Prozent Kochsalz und mindestens 15 Prozent Würze in Form von Kräutern-, Gewürz- oder Gemüsepulver enthalten. Die Bezeichnung richtet sich entweder nach dem jeweiligen Aroma, zum Beispiel »Selleriesalz«, oder nach der Verwendungsmöglichkeit, beispielsweise »Grill-« oder »Brathähnchensalz«.
Gewürzextrakt ist die Bezeichnung für industriell gewonnene Aromen aus verschiedenen Gewürzen. Er wird vorwiegend für die industrielle Weiterverarbeitung hergestellt.

Nach der Ernte werden die Pfefferkörner von den Stielen gestreift und getrocknet, bevor sie aromageschützt verpackt in die Geschäfte kommen.

Aufbewahrung im Haushalt

Gewürze sind empfindlich und müssen sorgsam behandelt werden:

- Möglichst in lichtundurchlässigen Gläsern und nicht in Herdnähe aufbewahren, auch wenn es praktisch ist. Licht und Wärme schaden den feinen Aromen ebenso wie unvermeidlicher Küchendampf.
- Der ideale Aufbewahrungsort für Gewürze ist kühl und trocken sein. Gut eignet sich ein Küchenschrank mit Tür.
- Bereits geöffnete Vorratspackungen von unterschiedlichen Gewürzen niemals gemeinsam in einen Behälter geben.
- Jedes Gewürz, auch wenn es im ganzen ist, separat in einer gut schließenden Dose aufbewahren.
- Mindestens einmal pro Jahr ist eine Schnupperprobe im Gewürzschrank fällig. Man sollte das Verfallsdatum überprüfen und alte Gewürze rigoros wegwerfen, denn es fehlt ihnen nicht nur das gewünschte Aroma, sondern sie schmecken meist muffig und alt und verderben jede Speise.
- Den Gewürzschrank regelmäßig, am besten mit Essigwasser, gründlich säubern und anschließend austrocknen, damit die Gewürze keine Feuchtigkeit aufnehmen.

Kochen mit Gewürzen

- Die richtige Würze ist eine Frage des Fingerspitzengefühls. Man darf beim Würzen getrost mehr auf den eigenen Geschmack und Kreativität vertrauen als auf exakte Mengenangaben in Rezepten.
- Anfangs lieber weniger würzen, denn nachwürzen ist einfacher als retten.
- Niemals mehrere intensiv duftende Gewürze gemeinsam verwenden.
- Gewürzstreuer nie direkt über den Topf halten. Der aufsteigende Dampf bildet Klumpen, und das feine Aroma verfliegt im Nu.
- Curry und Kurkuma entfalten ihre Aromastoffe erst, wenn man sie im heißen Fett anschwitzt. Allerdings darf die Hitze nicht zu stark sein, sonst verbrennen sie.
- Viele Gewürze, wie Piment, Zimt oder Koriander, bekommen noch mehr Würzkraft, wenn man sie möglichst unzerkleinert und ohne Fettzugabe im Topf bei nicht zu starker Hitze leicht anröstet. Nach dem Abkühlen entweder im Mörser oder in der Gewürzmühle zerkleinern – das ist allerhöchstes Würzvergnügen.
- Muskat immer frisch reiben, denn der angenehm feurige Duft schwindet schnell.

Die Küche als Apotheke

Paprika, Curry, Zimt & Co. geben Gerichten nicht nur das gewisse Etwas, sie sind obendrein sehr gesund. Die enthaltenen ätherischen Öle und feinen Bitterstoffe machen Speisen bekömmlicher und regen den Stoffwechsel auf wohltuende Weise an. Gut Gewürztes macht Appetit, mobilisiert den Kreislauf, aktiviert die Abwehrkräfte des Körpers, fördert die Verdauung und sorgt auf köstliche Weise für absolutes Wohlbefinden.

Mit dem passenden Gewürz können viele körperliche Beschwerden gelindert werden.

Würzig, aber nicht salzig

Daß salzlos Gegartes nicht gerade die kulinarische Offenbarung ist, weiß jeder, der es einmal versucht hat oder eine entsprechende Diät, zum Beispiel wegen Bluthochdruck oder Nierenleiden, einhalten muß. Doch auch wer gesund ist, sollte möglichst wenig Salz verwenden, denn es bindet unnötig viel Wasser im Körper. Das bedeutet nicht, daß alle Gerichte fade schmecken müssen, denn wer großzügig mit Gewürzen umgeht, wird Kochsalz kaum vermissen und muß dennoch auf Genuß und Aroma nicht verzichten.

Gewürze für die Gesundheit und Wohlbefinden

Ebenso wie Kräuter, deren Heilwirkung seit Jahrhunderten in der Volksmedizin anerkannt ist, sind auch Gewürze von hohem gesundheitlichem Wert, denn sie beeinflussen das Wohlbefinden. Sie verfeinern die Speisen nicht nur, sondern machen sie bekömmlicher. Gut Gewürztes duftet angenehm und regt den Appetit an. Die Ursache dafür sind ätherische Öle, die für vermehrten Speichelfluß und die Bildung von Verdauungsfermenten sorgen.
Ob man nun einen empfindlichen Magen hat, unter Blähungen leidet oder zu Darmträgheit neigt – bei all diesen Beschwerden gibt es ein passendes Gewürz, das hilfreich wirkt und die Speisen geschmacklich optimiert.

Mittlerweile ist erwiesen, daß einige Gewürze nicht nur verdauungsfördernd sind, sondern auch Herz und Kreislauf auf Trab bringen, wie beispielsweise der Cayennepfeffer.

Fit mit Gewürzen

Anis: Seine ätherischen Öle haben vielerlei Wirkungen auf den Körper. Die schleim- und krampflösenden Eigenschaften haben sich bei Erkältungskrankheiten bewährt, außerdem lindert Anis Blähungen.

Cayennepfeffer und Chilis: Die Scharfmacher unter den Gewürzen kurbeln die Durchblutung an und reduzieren das Thromboserisiko.

Fenchel: Sie fördern die Verdauung und helfen bei Blähungen.

Curry: Das feine Aroma der Gewürzmischung macht Lust aufs Genießen, die schärferen Sorten bringen die Verdauungssäfte zum Fließen.

Ingwer: Frischer Ingwer wirkt vor allem krampflösend und verdauungsfördernd.

Knoblauch: Geschätzt wird vor allem seine positive Wirkung bei Herz- und Kreislauferkrankungen. Er senkt den Blutdruck und beeinflußt günstig den Cholesterinspiegel. Die Heilwirkung von Knoblauch ist weltweit anerkannt.

Koriander: Die würzigen Körner haben entspannende Wirkung auf den Magen-Darm-Trakt.

Kümmel: Er macht schwere Speisen bekömmlicher und beugt so Blähungen vor. Sauerkraut, fetter Schweinebraten oder Kohlgerichte schmecken mit Kümmel gewürzt nicht nur interessanter, sie werden auch leichter verdaulich. Dieselbe Wirkung hat der Kreuzkümmel.

Meerrettich: Vor allem frisch geraspelt, regt das scharfe Wurzelstück Schleimhäute, Kreislauf und Verdauung an. Gut bei Schnupfen.

Muskatnuß: Macht Appetit und gute Laune.

Nelken: Ihre ätherischen Öle wirken desinfizierend und antibakteriell. Außerdem beruhigen sie die Magennerven. Eine zerbissene Nelke lindert Zahnschmerzen.

Paprika: Das ungarische Nationalgewürz sorgt für Temperament, denn Paprika fördert die Durchblutung und beeinflußt positiv die Fließfähigkeit des Blutes. Außerdem unterstützt Paprika, ob mild oder scharf, die Verdauung von Stärke.

Pfeffer: Ob schwarz, weiß oder grün – die scharfen Körner regen die Verdauung an und unterstützen die Aufnahme von Nährstoffen.

Safran: Macht nicht nur Kuchen und Risotto gelb, das kostbare Gewürz hat außerdem beruhigende Wirkung.

Wacholder: Die schwarzen Früchte waren früher ein hochgeschätztes Heilmittel gegen beinahe alle Beschwerden. Tatsächlich stecken viele wertvolle Stoffe darin. Sie regen die Nierentätigkeit an und helfen bei Völlegefühl.

Zimt: Früher glaubte man, daß der betörende Duft von Zimt lustlose Männer anregt. Tatsache ist, daß Zimt in hohen Dosen euphorisierend wirkt und den Magen stärkt.

Gewürze von A bis Z

Gewürze umgibt eine Aura des Geheimnisvollen. Ihre betörenden Düfte und wohlklingenden Namen lassen uns etwas von der weiten, abenteuerlichen Reise ahnen, die sie hinter sich haben. Aus welchen fernen Ländern sie kommen, zu welchen Gerichten sie passen, mit welchen anderen Gewürzen sie harmonieren und welche gesunden Wirkstoffe in ihnen stecken, darüber informieren die nächsten Seiten.

Ajowan

Das unentbehrliche Gewürz der indischen Küche hat wie alle Gewürze in diesem Land zwei Aufgaben zu erfüllen: einerseits den Speisen einen raffinierten Geschmack zu verleihen, andererseits antiseptisch zu wirken und damit die Verdauung zu mobilisieren.

Herkunft: Beheimatet ist das Doldengewächs in Südindien, wird aber auch im Iran, in Pakistan und Äthiopien angebaut.
Aroma: Ajowan duftet, vor allem wenn er frisch gerieben ist, sehr intensiv nach Thymian mit einem scharfbitteren Beigeschmack.

Ajowan ist aus der indischen Küche nicht wegzudenken.

Ernte: Geerntet werden die Früchte der Doldenpflanze. Sie sehen wie Kümmel aus und kommen getrocknet entweder im ganzen oder gemahlen in den Handel.

Verwendung: Mit dem intensiven Ajowan würzt man in erster Linie Pickles, indisches Fladenbrot, schwerverdauliche Bohnen- und Linsengerichte.
Harmonie: Mit allen Gewürzen der indischen Küche, wie Curry, Knoblauch, Kreuzkümmel, Cayennepfeffer.
Gesundheit: Ajowan ist nicht nur aus kulinarischer, sondern auch aus medizinischer Sicht ein ideales Gewürz für Hülsenfrüchte und andere stärkehaltige Lebensmittel, denn er unterstützt die Verdauung und wirkt Blähungen erfolgreich entgegen.

Anis

Bereits um 1500 vor Christus wurde die Anispflanze in einem Papyrus erwähnt. In der Antike würzten Ägypter, Syrer und Griechen nicht nur Brot, sondern auch Oliven und Wein mit dem aromatischen Anis. Und die Ärzte verordneten Anis schon damals als Heilmittel bei Husten und Verdauungsstörungen. Heute ist Anis ein beliebtes Gewürz für die Weihnachtsbäckerei.

Herkunft: Seine genaue Heimat ist nicht bekannt. Vermutlich kommt die Anispflanze aus dem Orient, sie gedeiht aber rund ums Mittelmeer, vor allem in Spanien und Italien.

Anis würzt süße und pikante Gerichte sowie Liköre und Branntweine.

Aroma: Süßlich-herb und unverwechselbar, aber leider verfliegt es rasch. Anis am besten ungemahlen aufbewahren.
Ernte: Geerntet werden die reifen Dolden, in denen sich vier bis fünf Millimeter lange und zwei Millimeter breite graugrüne bis bräunliche Früchte befinden. Anisfrüchte kommen gemahlen und ungemahlen in den Handel.
Verwendung: Mit Anis würzt man außer den typischen Anisplätzchen auch Brot, Früchtebrot, Kompott und süße Aufläufe. Eine Prise Anis verfeinert Fleischspeisen, Currys oder Chutneys. Liköre oder Branntweine mit Anisgeschmack sind weltberühmt, wie etwa der griechische Ouzo, der französische Pastis oder der türkische Raki.
Harmonie: Anis harmoniert mit Zitrusaromen und exotischen Gewürzen.
Gesundheit: Anis wirkt beruhigend auf Magen und Darm und verschafft Erleichterung bei Blähungen, deshalb ist er häufig Bestandteil von Kindertees.

Chilischoten

Egal, ob frisch, getrocknet, gerebelt oder als Pulver: Chilis bringen je nach Dosierung das gewisse Etwas oder ein wahres Feuerwerk.

Die feurigen Scharfmacher stammen aus Mexiko und sollen dort schon vor neuntausend Jahren angebaut worden sein. Kolumbus hat die roten Früchte im 15. Jahrhundert nach Europa gebracht, und heute sind Chilis weltweit sehr beliebte Würzmittel. Aus ihnen werden pikante Saucen gemacht, die Klassiker der internationalen Küche geworden sind: Mit »sambal« würzt man in Indonesien, mit »nam brink« in Thailand und mit »salsa« in Mexiko. Tunesier und Marokkaner nennen ihre scharfe Würzsauce »harissa«. Cayennepfeffer wird aus fein gemahlenen, getrockneten Chilischoten hergestellt. Er findet in allen Küchen der Welt Verwendung.

Herkunft: Die Heimat der Chilis ist Süd- und Mittelamerika und auch heute noch sind die Länder Südamerikas ihre Hauptanbaugebiete.
Aroma: Chilis schmecken in erster Linie scharf, aber auch ein wenig fruchtig. Die brennende Schärfe kommt vom Wirkstoff Capsaicin. Diese ölige Substanz kann so scharf sein, daß sie an empfindlichen Stellen, z. B. an den Schleimhäuten, schmerzhafte Reizungen hervorruft.
Ernte: Es gibt allein in Mexiko etwa 150 verschiedene Chilisorten, deren Geschmack von süßlich bis extrem scharf variiert. Die Ernte muß immer noch manuell erfolgen, da die Früchte zeitversetzt reif werden. Die Chilischoten kommen entweder frisch, getrocknet, gemahlen, gestoßen oder eingelegt auf den Markt. Übrigens: Je kleiner die Schoten, desto schärfer sind sie.
Verwendung: Chilis oder Cayennepfeffer machen aus allem, was würzig und pikant schmecken soll, ein wahres Feuerwerk. Natürlich gehören sie in alle mexikanischen Gerichte, aber auch fernöstliche Speisen bekommen durch wohldosierte Schärfe erst Pfiff. Ein Hauch Cayennepfeffer verleiht selbst einer feinen, aufgeschlagenen Sauce das gewisse Etwas. Cayennepfeffer ist ein wichtiger Bestandteil von Currypulver und Tabascosauce. Letztere wird aus Chilis, Essig und Salz hergestellt.
Harmonie: Überall, wo zusätzliche Schärfe erwünscht ist, kann man mit Chilis oder Cayennepfeffer würzen.
Gesundheit: Die Schärfe aktiviert den Kreislauf, fördert die Durchblutung, und das Capsaicin verbessert die Fließfähigkeit des Blutes.

Curry

Curry wächst an keinem Strauch, Curry ist eine Komposition aus zehn bis 35 verschiedenen Gewürzen und eine Kreation der indischen Küche. Viele Inder mischen für jedes einzelne Gericht einen passenden Curry. Immer erst kurz vor der Verwendung werden die dafür ausgewählten Gewürze im Mörser zerstoßen. Jede Familie hat eine spezielle Rezeptur, die von Generation zu Generation vererbt wird.
Der Name »Curry« leitet sich vom südindischen Wort »kari« ab, der Bezeichnung für die typischen pikanten indischen Gerichte aus Gemüse, Fleisch oder Fisch, die immer nach persönlichem Geschmack kreiert und mit einer Gewürzmischung, »masala«, kräftig abgeschmeckt werden. Die britischen Kolonialherren nannten diese Gerichte Currys und brachten die Gewürzmischung mit nach Europa.

Gewürze, die in keinem Curry fehlen dürfen: Piment, Kardamom, Ingwer, Kurkuma, Zimt, Nelken, Kreuzkümmel, Paprika (von oben im Uhrzeigersinn).

Herkunft: Indien.
Aroma: Je nach Zusammensetzung kann Curry mild und leicht süßlich oder würzig-scharf schmecken.
Zusammensetzung: Die Mischung ist auch bei den hier käuflichen Currys verschieden. Die bekanntesten Currys sind der mild-fruchtige »indische Curry«, der aromatische, aber milde »Madras-Curry« und der scharf-würzige »Bombay-Curry«. Curry enthält meist folgende Gewürze als Grundsubstanzen: Kurkuma, Ingwer, Pfeffer, Koriander, Kreuzkümmel, Kardamom, Paprika, Nelken, Zimt, Muskat, Piment und Bockshornkleesamen.
Verwendung: Curry ist ein sehr vielseitiges Gewürz, das vielen Gerichten eine interessante, exotische Note verleiht. Curry verfeinert Reis- und Nudelgerichte, sorgt für den nötigen Pfiff bei Hühnerfrikassees oder Fischragouts, aber auch Lamm- und Kalbsbraten sowie Eintöpfe mit Hülsenfrüchten bekommen durch Curry erst die richtige Würze. Köstlich schmeckt gebratener Blumenkohl mit Curry gewürzt, und natürlich darf er bei keinem indischen Schmorgericht fehlen. Bei aller Vielseitigkeit – Curry ist kein Gewürz für Salate. Sein verführerisches Aroma entwickelt sich erst durch sanftes Anbraten im heißen Fett. Aber Vorsicht, Curry verbrennt leicht! Übrigens: Curry ist lichtempfindlich, er verliert rasch Aroma und Farbe. Deshalb entweder in lichtgeschützten Behältern oder im Schrank aufbewahren.
Harmonie: Curry verträgt sich gut mit Knoblauch, Zwiebeln, Lorbeer, Pfeffer, Paprika und süß-sauren Lebensmitteln, wie Ananas, Bananen, Mango, Zitronensaft und Kokosraspeln.
Gesundheit: Curry macht Appetit.

Die Curryfarbe ist abhängig von den Gewürzen, aus denen er besteht.

Fenchel

Fenchelknollen schmecken gedünstet und roh, das frische Kraut verfeinert Salate und Rohkost, und mit den getrockneten Früchten würzt man Brot, Fleisch-, Fisch- oder Kohlgerichte. Zugegeben, der würzig-süßliche Geschmack von Fenchel ist gewöhnungsbedürftig. Viele erinnert ihr Duft vielleicht spontan an Fencheltee, den sie bei Bauchschmerzen als Kind trinken mußten. Doch richtig dosiert ist Fenchel ein ausgesprochen interessantes Gewürz.

Fenchel ist ein dominantes, jedoch äußerst raffiniertes Gewürz für Backwaren und Deftiges.

Herkunft: Fenchel war schon im alten Ägypten eine begehrte Heilpflanze, und auch die Griechen und Römer schätzten das köstliche Aroma. Rund um das Mittelmeer spielt der Fenchelanbau auch heute noch eine wichtige Rolle, denn Fenchelknollen lieben es warm und sonnig.

Aroma: Fenchel hat wie Anis einen süßlichen, würzigen, zartbitteren Geschmack.

Ernte: Die kleinen Fenchelkörner sind im botanischen Sinne die getrockneten Früchte, die aus den Blütendolden des Gewürzfenchels entstehen. Die Knollen des Gewürzfenchels sind kleiner als die von Gemüsefenchel. Gemüsefenchel ist eine einjährige Pflanze, die Früchte des Gewürzfenchels bilden sich erst im zweiten Jahr.

Verwendung: Fenchel gibt Brot und Brötchen eine interessante Würze und verleiht Kartoffeln oder auch Kohlgerichten einen raffinierten Geschmack. Mit Fenchel aromatisierter Schweinebraten ist ein Gedicht, ebenso wie die delikate italienische Fenchelsalami, die man sich unter keinen Umständen entgehen lassen sollte.

Harmonie: Fenchel besser nicht mit anderen exotischen Gewürzen kombinieren. Gut passen Thymian, Salbei, Chilischoten und natürlich Petersilie.

Gesundheit: Fencheltee ist immer noch ein bewährtes Mittel bei Bauchschmerzen und Blähungen in der Kinderheilkunde. Mit Fenchel gewürzte Speisen wirken beruhigend und wohltuend auf den Magen-Darm-Trakt und sind gleichzeitig appetitanregend.

Die Früchte des Gewürzfenchels bilden sich erst im zweiten Jahr.

Galgant

Von der zur Familie der Ingwergewächse gehörenden Pflanze gibt es zwei Sorten: den großen und den kleinen oder echten Galgant. Die zunehmende Vorliebe für asiatische Gerichte hat Galgant auch bei uns bekannter gemacht. Die frischen Wurzelstöcke bekommt man am besten in Asiengeschäften. Getrocknet, gemahlen und eingelegt, findet man Galgant auch in gut sortierten Supermärkten.

Herkunft: Der kleine Galgant kommt vorwiegend aus Südchina, der große aus Indonesien.

Galgant schmeckt nur frisch gerieben.

Aroma: Der kleine oder echte Galgant ist würziger und schärfer als der große. Beide schmecken ähnlich wie Ingwer, wenngleich weniger intensiv.
Ernte: Geerntet wird der Wurzelstock jedoch erst, wenn die Pflanze mindestens zehn Jahre alt ist. Die Finger sind würziger als der Kopf der Wurzel.
Verwendung: Das ausgeprägte Aroma kommt nur frisch gerieben zur Geltung. Galgantpulver ist kein Ersatz. Statt dessen lieber die halbe Menge frisch geriebenen Ingwers nehmen. Mit Galgant würzt man Currygerichte, Fisch- und Meeresfrüchte, Schmorhähnchen und exotische Saucen. Die frischen Wurzeln packt man am besten in einen Tiefkühlbeutel und lagert sie im Kühlschrank.
Harmonie: Das intensive Aroma verträgt sich mit scharfen Chilischoten, Koriandergrün, Zitronengras, Sojasauce und Kokoskonzentrat.
Gesundheit: Galgant wirkt bei Appetitlosigkeit und Magenbeschwerden.

Ingwer

Konfuzius, der chinesische Religionsstifter (500 v. Chr.) liebte Ingwer so sehr, daß jede seiner Mahlzeiten damit gewürzt werden mußte. In allen asiatischen Ländern haben mit Ingwer gewürzte Speisen seit Jahrtausenden Tradition. Und in europäischen Kochbüchern des Mittelalters kann man nachlesen, daß damals bereits üppig mit Ingwer gewürzt wurde. Allerdings ist der saftige Wurzelstock dann lange Zeit in Vergessenheit geraten, bis man ihn mit der Vorliebe für die fernöstliche Küche wiederentdeckte.

Herkunft: Seine ursprüngliche Heimat ist Südostasien. Er wird aber heute in fast allen tropischen Ländern angebaut.

Ingwer hat in Asien eine lange Tradition.

Aroma: Fein und fruchtig mit ausgeprägter Schärfe. Gemahlener Ingwer würzt ziemlich intensiv und muß daher sehr vorsichtig dosiert werden.
Ernte: Ingwer vermehrt man durch Stücke der Wurzelstöcke, aus denen sich innerhalb von acht bis zehn Monaten wiederum erntefähige Wurzelstöcke entwickeln.
Verwendung: Mit Ingwer kann man salzige und süße Speisen würzen. Weihnachtsplätzchen, Kompott oder Fruchtsalat schmecken mit Ingwer noch verführerischer. Natürlich darf frisch geriebener Ingwer in keinem fernöstlichen Fleisch-, Fisch- oder Gemüsegericht fehlen. Ein Genuß ist kandierter Ingwer – mit oder ohne Schokoladenhülle.
Harmonie: Ingwer verträgt sich gut mit Schokolade oder Zimt, aber ebenso gut mit Chili, Koriandergrün, Muskat, Pfeffer und Nelken.
Gesundheit: Ingwer lindert Blähungen und beruhigt einen nervösen Magen. Ingwerstäbchen sollen gegen Reisekrankheit helfen.

Kapern

Die Kapernpflanze blüht ähnlich wie die Wildrose blaßrosa und wunderschön, aber nur einen Tag. Doch das ist nicht der Grund, weshalb man den Strauch selten blühend zu sehen bekommt. Die Knospen kommen selten zur Blüte, sie werden vorher geerntet und eingelegt. Wildwachsend gibt es Kapern seit Jahrtausenden. Im Altertum schätzte man die grünen würzigen Kügelchen nicht nur wegen ihres guten Geschmacks, man war auch überzeugt, daß sie Milzerkrankungen heilen können. Heute schätzt man sie vor allem ihrer pikanten Würze wegen.

Herkunft: Die stacheligen, etwa einen Meter hohen Kapernsträucher gedeihen in Südeuropa, Arabien und Nordafrika.

Aroma: Kapern haben einen eigenwilligen Geschmack, leicht herb und würzig und durch das Einlegen in Essig auch säuerlich.

Ernte: Kapern werden – ob wild oder kultiviert – ausschließlich von Hand gepflückt. Die Knospen sollen möglichst klein und noch geschlossen sein. Frisch geerntete Kapern haben eine dunkelolivgrüne Farbe mit gelben Flecken zur Spitze hin. Nach der Ernte läßt man sie einen Tag welken, bevor man sie in Salz, Essig oder Öl einlegt. Je kleiner die Kapern, um so besser ihre Qualität. Genießer schätzen vor allem die ganz kleinen, fest geschlossenen Kapern, die »Nonpareilles«, oder die nächste Kategorie, die »Surfines«. In Supermärkten bekommt man meist größere Kapern, die »Capucines«.

Die Knospen des stacheligen Kapernstrauches gibt es eingelegt in allen Größen zu kaufen.

Verwendung: Der Klassiker unter den Kaperngerichten sind die Königsberger Klopse, und auch bei Vitello tonnato (Kalbfleisch mit Thunfisch-Kapern-Sauce) dürfen ganz kleine Kapern nicht fehlen. Mit Kapern würzt man außerdem Quark, Kräuterbutter, Tatar oder kalte Saucen. Für die nötige Raffinesse sorgen sie bei Hühnerragout, Käsesalaten oder Eierspeisen. Kapern schmecken kalt und warm, allerdings sollte man sie nur kurz erhitzen, durch längeres Kochen werden sie matschig und und büßen viel von ihrem pikanten Aroma ein. Meist werden Kapern in Essiglake angeboten, es gibt sie jedoch auch eingelegt in Salz oder Öl.

Harmonie: Kapern harmonieren mit Zitronensaft, Petersilie, Knoblauch, Sardellen, Tomaten und Pfeffer.

Gesundheit: Kapern wirken appetitanregend und verdauungsfördernd.

Kardamom

Herkunft: Seine Heimat ist Indien, aber sehr bald wurde das feine Gewürz auch in Griechenland und Rom verwendet.
Aroma: Kardamom schmeckt aromatisch würzig, ein wenig süßlich mit leicht harzigem, ein wenig brennendem Beigeschmack.
Ernte: Die Pflanze gedeiht nur im feuchtwarmen Klima. Ab dem dritten Jahr werden die Früchte unreif geerntet, gewaschen und in der Sonne oder über dem Feuer getrocknet. Kennzeichen für Qualität sind dunkle, leicht klebrige Samen, die aromatisch duften.
Verwendung: Was immer man auch mit Kardamom würzt: Sparsam damit umgehen! Da Kardamom rasch sein Aroma verliert, die Samen erst kurz vor dem Verwenden aus der Kapsel lösen und zerstoßen. Um das Aroma optimal zu entfalten, benötigt Kardamom Hitze, deshalb bei schwacher Hitze kurz anrösten. Kardamom würzt Weihnachtsplätzchen, Stollen, aber auch Currygerichte.
Harmonie: Verträgt sich gut mit anderen Kuchengewürzen, wie Zimt, Muskat, Sternanis und Ingwer.
Gesundheit: Hilft bei Blähungen, stärkt den Magen. Gekauter Kardamom sorgt für reinen Atem.

Kassie

Herkunft: Das auch als Kassia-Zimt, Chinesischer oder Gemeiner Zimt bekannte Gewürz stammt ursprünglich aus Birma, wird aber heute vorwiegend in Südchina und Indonesien kultiviert.
Aroma: Duft und Geschmack ähneln dem von Ceylon-Zimt, sind aber nicht so edel. Kassie ist die einfachere Zimtsorte.
Ernte: Das Gewürz gewinnt man aus der Rinde des gleichnamigen, bis zu zwölf Meter hohen Baumes. Die Rinde der Zweige läßt man über Nacht fermentieren und trocknen. Anschließend wird Kassie in Stücken oder gemahlen in den Handel gebracht.
Verwendung: Das Aroma gemahlener Kassie verfliegt schnell. Kassie paßt als Gewürz überall dort, wo man Zimt verwendet. Man muß sie allerdings vorsichtiger dosieren als Zimt. Mit Kassie würzt man Glühwein, Weihnachtsgebäck, Pflaumenmus, aber auch Wildgerichte und Pickles.
Harmonie: Kassie harmoniert mit Nelken, Kaffee, Ingwer, Honig, aber auch mit Curry und Sojasauce.
Gesundheit: Ihr feiner Duft regt den Appetit und die Verdauung an.

Koriander

Herkunft: Südeuropa und der Vordere Orient sind die Heimat dieses Gewürzes, von dem man sowohl die frischen Blätter als auch die getrockneten Früchte verwendet.
Aroma: Koriander hat einen würzigen und zugleich blumig-süßen Geschmack, der ein wenig an Orangenschalen erinnert.
Ernte: Korianderkörner sind die Früchte der einjährigen Pflanze. Sie fallen ab, sobald sie reif sind. Auch im eigenen Kräutergarten kann man sie frisch ernten.
Verwendung: Koriander ist eigentlich als Brotgewürz bekannt geworden. Es wäre aber schade, ihn nur dafür zu verwenden. Frisch gemahlener Koriander macht auch viele Fleisch- und Geflügelgerichte würziger und ist das i-Tüpfelchen bei Linsengerichten. Vor dem Verwenden kurz anrösten.
Harmonie: Verträgt sich gut mit Kreuzkümmel, Chilis und frischer Minze.
Gesundheit: Hilft bei Völlegefühl und Durchfall.

Kreuzkümmel

Herkunft: Kreuzkümmel (auch Cumin genannt) stammt aus dem Orient und wird heute in allen warmen und gemäßigten Zonen angebaut.
Aroma: Schmeckt ein wenig wie Kümmel, aber brennender und etwas bitterer.
Ernte: An den etwa 30 bis 50 cm langen Stengeln reifen die Früchte, fünf bis sechs Millimeter große, sichelförmige Körner. Sie kommen im ganzen oder gemahlen in den Handel.
Verwendung: Da Kreuzkümmel einen sehr intensiven Geschmack hat, muß man mit Fingerspitzengefühl würzen. Bei mexikanischen Gerichten, wie Chili con carne, oder nordafrikanischen, wie Couscous, darf Kreuzkümmel nicht fehlen. Aber auch Eintöpfe, Kohlgerichte oder Currys schmecken mit Kreuzkümmel viel interessanter.
Harmonie: Mit Kardamom, Nelken, Ingwer, Lorbeer und Zimt verträgt sich Kreuzkümmel vorzüglich.
Gesundheit: Kreuzkümmel stärkt den Magen.

Kümmel

Herkunft: Die wildwachsende Pflanze gedeiht seit Jahrtausenden in allen gemäßigten Zonen Europas.
Aroma: Der Geschmack von Kümmel ist leicht süßlich, erinnert an Anis, ist aber schärfer.
Ernte: Der zur Familie der Doldenpflanzen zählende Kümmel bekommt erst im zweiten Jahr Blüten, aus denen sich die sichelförmigen Früchte entwickeln.
Verwendung: Mit Kümmel würzt man die typisch deutschen Gerichte, wie Sauerkraut, geschmorten Weißkohl, Krautsalat, Kartoffeln, Schweinebraten, Liptauer und natürlich auch Brot. Am besten kommt das intensive Aroma zur Geltung, wenn man Kümmel mit der Gewürzmühle frisch mahlt.
Harmonie: Das dominante Gewürz verträgt sich nicht sehr gut mit anderen Gewürzen, paßt aber hervorragend zu Zwiebeln, Knoblauch und Petersilie.
Gesundheit: Kümmel ist ein probates Mittel gegen Blähungen und hilft beim Verdauen schwerer Speisen. Außerdem renkt gekauter Kümmel oder auch ein herzhaftes Kümmelbrötchen einen verkaterten Magen wieder ein.

Kurkuma

Herkunft: Es ist nicht bekannt, woher Kurkuma (auch Gelbwurz genannt) ursprünglich stammt, aber seit etwa zweitausend Jahren wird es im Mittleren Osten und in Indien angebaut.
Aroma: Das gelbe Gewürz schmeckt ingwerähnlich und ein wenig bitter. Noch interessanter als sein Aroma ist die intensive goldgelbe Farbe, weswegen man häufig Kurkuma statt Safran zum Färben verwendet.
Ernte: Geerntet und verwendet werden die Wurzelstöcke, die getrocknet und gemahlen vor allem in Spezialgeschäften erhältlich sind.
Verwendung: Kurkuma ist ein wichtiger Bestandteil von Curry, er verleiht der Mischung ihre schöne gelbe Farbe. Mit Kurkuma würzt man Pickles, Reis und Pilaws, aber auch Kartoffeln. Sehr fein schmeckt gebratener Blumenkohl, der mit Kurkuma gewürzt wird.
Harmonie: Natürlich harmoniert Kurkuma mit allen Gewürzen, die auch im Curry enthalten sind.
Gesundheit: Die goldgelbe Wurzel regt den Gallenfluß an und unterstützt die Verdauung.

Knoblauch

Knoblauch schmeckt roh und gegart, verfeinert Öle und Salate sowie gekochte Gerichte.

Die einen rümpfen die Nase, die anderen sind verrückt nach seinem Duft: Bei Knoblauch scheiden sich die Geister der Genießer, und das seit über fünftausend Jahren, denn er ist eine der ältesten Kulturpflanzen. Um die Wirkung der duftenden Knolle ranken sich die phantastischsten Geschichten. Man schrieb ihm sogar magische Kräfte zu und war davon überzeugt, daß er Menschen vor dem bösen Blick schützt. Den ersten Streik der Weltgeschichte gab es wahrscheinlich in Ägypten, als beim Pyramidenbau die Knoblauchlieferung ausblieb. Und im 18. Jahrhundert bezahlten die Einwohner Sibiriens ihre Steuern mit Knoblauch. Heute ist eines gewiß und wissenschaftlich unumstritten: Knoblauch ist gesund!

Herkunft: Man vermutet, daß er ursprünglich aus Zentralasien kommt. Heute werden die Knollen weltweit kultiviert, vor allem auf dem Balkan und in Spanien. Das größte Anbaugebiet liegt in Kalifornien.
Aroma: Jeder kennt es, liebt es oder verabscheut es: das scharf-beißende, den Zwiebeln ähnliche Aroma.
Ernte: Geerntet wird Knoblauch, dessen Farben von Weiß über Rosa bis Zartlila variieren, von Sommer bis Herbst. Am aromatischsten sind die frischen, aber noch kleinen Knollen im Frühjahr, die im Herbst geernteten sind dafür länger haltbar.
Verwendung: Knoblauch schmeckt roh und gegart. Butterbrot mit frischem Knoblauch ist für echte Knoblauchenthusiasten ein Hochgenuß, genauso wie im ganzen gegarte Knollen – bei Tisch werden die einzelnen Zehen aus der Schale gedrückt. Ein Hauch von Knoblauch verfeinert Salate und kalte Saucen. Knoblauch gehört obligatorisch zu fast allen Lammgerichten, und auch Schweinebraten schmeckt mit Knoblauch gewürzt noch besser. Und bei kaum einem Pastagericht darf er fehlen. Im geschmorten Zustand wird sein Aroma sanfter und für viele Menschen auch bekömmlicher. Gegen unvermeidbaren Knoblauchgeruch gibt es ein paar Hausmittel zur Milderung: Kauen von frischer Petersilie oder gerösteten Kaffeebohnen oder auch ein Glas Milch oder Rotwein sollen vor den unliebsamen Folgen schützen.
Harmonie: Sehr gut verträgt sich Knoblauch mit den Kräutern des Mittelmeerraumes, wie Thymian, Rosmarin, Salbei, Oregano.
Gesundheit: Hilft gegen Fettstoffwechselstörungen, Bluthochdruck und Arteriosklerose, regt die Verdauung an.

Lorbeer

Die immergrünen Blätter des Lorbeerbaums hatten früher mehr kultischen als kulinarischen Wert. Cäsar trug einen Lorbeerkranz, die olympischen Sportler wurden damit geehrt, und auch Dichter bekamen ihn zum Zeichen der Ehrerbietung und als Symbol für ewiges Leben. Heute haben Lorbeerblätter vor allem als schmackhafte Würze und Zierde für den Wintergarten Bedeutung.

Herkunft: Die Pflanze stammt aus Kleinasien, sie wird aber heute im gesamten Mittelmeerraum sowie in Mittel- und Südamerika angebaut.
Aroma: Lorbeerblätter haben einen bitteren, kräftig würzigen Geschmack, der durch Trocknen verstärkt wird.

Die Krönung vieler Gerichte ist der Lorbeer.

Ernte: Die Blätter der immergrünen Büsche werden während des ganzen Jahres geerntet, am besten im Juli/August. Gute Qualität erkennt man daran, daß die getrockneten Blätter biegsam und nicht brüchig sind und immer noch eine grüne Farbe haben.

Verwendung: Oberstes Gebot bei der Verwendung von Lorbeerblättern ist, daß man sie sparsam dosiert. Für Vier-Personen-Gerichte ist ein Blatt völlig ausreichend. Wichtig ist, daß man die Blätter mitkochen läßt, nur so können sie ihr volles Aroma entfalten. Lorbeerblätter würzen vor allem saure Speisen wie Sülzen, Sauerbraten, Fleisch- und Fischmarinaden sowie Essiggurken.
Harmonie: Lorbeerblätter harmonieren mit Wacholderbeeren, Zwiebeln, Muskat, Thymian und Rosmarin sowie mit Zitrone.
Gesundheit: Die grünen Blätter sollen gegen Rheuma wirksam sein, außerdem sind sie appetitanregend und verdauungsfördernd.

Meerrettich

Ist Meerrettich ein Gewürz, ein Gemüse oder eine Heilpflanze? Sie ist alles. Denn frisch geriebener Meerrettich treibt nicht nur die Tränen in die Augen, er verleiht vielen Gerichten erst Charakter, schmeckt herrlich, wenn man ihn zusammen mit anderen Gemüsen dünstet und zu Couscous serviert. Meerrettichwurzeln sind vor allem in der süddeutschen und österreichischen Küche – wo er auch Kren genannt wird – nicht wegzudenken. Für alle, die das tränenintensive Reiben stört, gibt es gebrauchsfertigen Meerrettich in Gläsern.

Meerrettich: scharfes Gewürz und Gemüse.

Herkunft: Die Heimat der scharfen Wurzeln ist Südost- und Westasien.
Aroma: Frisch geriebener Meerrettich sticht in der Nase, schmeckt beißend und scharf.
Ernte: Die Wurzeln der einjährigen Pflanze werden von August bis Oktober geerntet.

Verwendung: Von den frischen Wurzeln immer nur so viel schälen, wie benötigt wird, damit die Wurzel nicht austrocknet. Frisch geriebenen Meerrettich sofort verwenden, da er sich rasch grau färbt und sein intensives Aroma verliert. Meerrettich verfeinert warme und kalte Saucen, ist eine würzige Beigabe zu Gegrilltem, gibt roter Bete und Kartoffelsalat eine raffinierte Note. Mit Sahne vermischt, paßt er vorzüglich zu geräuchertem Fisch oder zu Fleisch.
Harmonie: Die scharfe Wurzel verträgt sich gut mit allem, was ihn milder macht, wie Sahne, Quark oder geriebenen Äpfeln.
Gesundheit: Meerrettich enthält viel Vitamin C. Seine Schärfe regt die Schleimhäute an und wirkt desinfizierend, er ist daher nützlich bei grippalen Infekten. Außerdem ist Meerrettich verdauungsfördernd.

Muskatnuß und Muskatblüte

Funde in Sarkophagen und Grabkammern beweisen: Schon die Ägypter schätzten die Muskatnuß. Bei Hildegard von Bingen kann man nachlesen, daß zu ihrer Zeit Bier mit Muskat gewürzt wurde. Wegen der Muskatnüsse führten die Kolonialmächte Krieg, sie wollten sich das Monopol für den Handel mit dem beliebten Gewürz sichern. Dabei unterlagen die Venezianer den Portugiesen. Diese wiederum wurden von den Holländern verdrängt, bis die Engländer und Franzosen das Monopol aufbrachen. Seit diesem Tag ist die begehrte Nuß ein Gewürz für alle.

Im Inneren der roten Muskathülle, auch Muskatblüte genannt, befindet sich die Muskatnuß.

Herkunft: Die Molukken sind die Heimat der Muskatnuß. Heute liegen die Hauptanbaugebiete in Indonesien, Java, Sri Lanka und Ostindien.
Aroma: Der Duft frisch gemahlener Muskatnuß ist charakteristisch und sehr aromatisch. Muskat schmeckt feurig scharf und etwas bitter.
Ernte: Muskatbäume gedeihen nur in Zonen mit feuchtheißem Klima. Sie können bis zu zwanzig Meter hoch werden, allerdings hält man die Höhe im plantagenmäßigen Anbau bei etwa sechs Meter. Ab dem achten Jahr kann geerntet werden, die volle Ausbeute erreicht man bei 15jährigen Bäumen. Muskatbäume können bis zu hundert Jahre alt werden. Ein Baum liefert zwischen 1500 und 2000 Nüssen pro Jahr. Dreimal jährlich ist Ernte. Die Früchte sehen aprikosenähnlich aus. Im Inneren der Frucht sitzt ein harter Samenkern, der von einem karminroten Samenmantel umhüllt ist (beim Trocknen wird er gelb). Der Kern wird als Muskatnuß, die Hülle als Muskatblüte (Macis) bezeichnet.
Verwendung: Das Aroma der frisch geriebenen Muskatnuß ist ausgeprägt, sie sollte daher sehr vorsichtig dosiert werden. Mit Muskatnuß würzt man Béchamelsaucen, Kartoffelpüree, Blumenkohl, Rosenkohl und Spinat. Sie rundet den Geschmack von Kalbs- oder Geflügelragout ab und verfeinert Spätzle. Muskatnuß immer erst kurz vor Ende der Garzeit dazugeben, da Hitze das Aroma zerstört. Wenn möglich, die Nuß immer frisch reiben, gemahlene Muskatnuß verliert ihr Aroma sehr rasch.
Der Geschmack von Muskatnuß und Muskatblüte ist recht ähnlich, jedoch schmeckt Macis noch etwas feiner. Macis zerreibt man am besten im Mörser oder in der Kaffeemühle.
Harmonie: Die feurige Muskatwürze harmoniert sehr gut mit Ingwer, Pfeffer, Nelken, Kardamom und Zimt.
Gesundheit: Muskatnuß stärkt den Magen, regt den Appetit an und wirkt beruhigend auf den Darm.

Muskat möglichst frisch gerieben verwenden.

Nelke

Sie hat nichts mit der gleichnamigen Blume zu tun. Der Name der Gewürznelke leitet sich von dem Wort »Nägelein« ab. Und bei genauerer Betrachtung kann man eine gewisse Ähnlichkeit mit kleinen Nägeln nicht leugnen. Die immergrünen Nelkenbäume gedeihen in feuchtwarmen Regionen, werden bis zu zwanzig Meter hoch und tragen wunderschöne karminrote Blüten. Allerdings kann man sie selten bewundern, da die Blütenknospen geerntet werden, bevor sie ihre Pracht entfalten.

Gewürznelken sind die getrockneten Knospen der immergrünen tropischen Nelkenbäume.

Herkunft: Ihre Heimat sind die Molukken. Nelkenbäume werden heute aber in vielen tropischen Ländern angebaut.
Aroma: Nelken duften würzig-aromatisch. Sie schmecken leicht süßlich und haben einen holzig-bitteren Beigeschmack.
Ernte: Die Blütenknospen der Nelkenbäume werden kurz vor der Blüte von Hand geerntet.

Verwendung: Nelken geben den Ton an, deshalb zurückhaltend dosieren – weniger ist oft mehr. Bei einem Gericht für vier Personen ist meist schon eine Nelke ausreichend. Nelken gehören in Beizen. Man würzt damit Rotkohl, Sauerkraut, Kürbis- und Schmorgerichte oder Schweinebraten. Und sie haben einen festen Platz in der Weihnachtsbäckerei, duften in Glühwein oder Punsch.
Harmonie: Die typisch weihnachtlichen Gewürze vertragen sich gut mit Nelken: Zimt, Kardamom, Ingwer und Zitronenschale. Aber auch Lorbeerblatt, Zwiebel und Pfefferkörner passen.
Gesundheit: Nelken haben eine positive Wirkung auf den Magen-Darm-Trakt und helfen bei Blähungen. Nelkenöl wirkt schmerzstillend und desinfizierend.

Nelken sind in allen Küchen der Welt vertreten. Sie haben einen festen Platz in der Weihnachtsbäckerei, aber auch in pikanten Gerichten.

Paprika

Bei Paprika fällt jedem sofort Ungarn, Pußta und Gulasch ein. Dabei ist die Heimat des roten Pulvers das tropische Amerika. Wie so oft in der Geschichte der Gewürze, war es Christoph Kolumbus, der die ersten Samen mit nach Europa brachte. Hier pflanzte man Paprika zuerst nur als Ziersträucher in die Gärten und erfreute sich an den roten Früchten. Die Ungarn waren es dann, die dem Paprika mehr Aufmerksamkeit widmeten. Schon im 16. Jahrhundert war das rote würzige Pulver eine typische Spezialität des Landes.

Nicht nur eine Augenweide: Paprika mit seinen vielfältigen Formen ist aus den Küchen der Welt nicht wegzudenken.

Herkunft: Paprika stammt aus dem tropischen Amerika, aber heute sind es vor allem die Ungarn und Spanier, die sich auf den Paprikaanbau spezialisiert haben.
Aroma: Paprikapulver duftet aromatisch und schmeckt je nach Sorte mild bis extrem scharf.
Ernte: Die Paprikas für die Gewürzherstellung werden vollreif geerntet, auf Schnüre gezogen, drei bis vier Wochen getrocknet und dann fein vermahlen. Bei den scharfen Sorten werden die Samenkerne und die Trennhäute mitvermahlen.
Verwendung: Beim Kochen mit Paprika muß man wissen: Es gibt drei verschiedene Sorten im Handel, die sich vor allem in der Schärfe unterscheiden. Delikateß-Paprika, die mildeste Sorte, wird aus erstklassigen Früchten hergestellt. Samen und Trennwände werden vorher entfernt. Seine Farbe ist leuchtend rot, der Geschmack ist leicht süßlich. Edelsüß-Paprika entsteht ebenfalls aus makellosen Früchten, allerdings werden die Samen mit verarbeitet. Die Farbe ist dunkler und der Geschmack fruchtig-scharf. Für Rosen-Paprika werden die ganzen Schoten verwendet, dadurch ist er besonders scharf und seine Farbe braunrot. In türkischen Geschäften oder Feinkostläden findet man grob gemahlenen Paprika, der besonders aromatisch ist. Alle Paprikasorten entwickeln ihr Aroma am besten, wenn man sie im nicht zu heißen Fett anröstet. Aber aufgepaßt – bei zu großer Hitze verbrennt das Gewürz rasch und schmeckt dann bitter.
Harmonie: Verträgt sich gut mit Zwiebeln, Kümmel und Knoblauch.
Gesundheit: Fördert die Durchblutung und stärkt das Herz.

Pfeffer

Pfeffer ist weltweit die Nummer eins unter den Gewürzen. Er verträgt sich mit fast allen anderen Aromen.

Wo der Pfeffer wächst? In den südindischen Wäldern am Äquator. Der Handel mit Pfeffer war schon bei den alten Römern ein lukratives Geschäft, und in Venedig, das lange Zeit die Metropole des Pfefferhandels war, nannte man reiche Händler »Pfeffersäcke«. Mädchen, die als Aussteuer ein paar Säcke Pfeffer mit in die Ehe brachten, waren eine gute Partie. Pfeffer wurde damals tatsächlich noch mit purem Gold aufgewogen. Wie man sich leicht vorstellen kann, gab es viele kriegerische Auseinandersetzungen um das Pfeffermonopol.

Herkunft: Hauptanbauländer sind Indien, Indonesien, Malaysia und Brasilien.

Aroma: Pfeffer ist als scharfes Gewürz bekannt. Zwischen schwarzem, weißem und grünem Pfeffer gibt es jedoch Unterschiede.

Ernte: Pfeffer wird ähnlich wie Hopfen kultiviert. Die Kletterpflanze wird an Pfählen gezogen, die bis zu fünf Meter hoch sind. Ernten kann man erst nach sieben Jahren, dann allerdings 15 bis 20 Jahre lang, pro Pflanze ein bis eineinhalb Kilo jedes Jahr. Die Pfefferkörner hängen an fünf bis 15 cm langen Rispen, ähnlich wie Johannisbeeren. Mit zunehmender Reife verfärben sich die grünen Früchte gelblich bis rotbraun.

Verwendung: Pfeffer ist nicht gleich Pfeffer. Neben dem rosa Pfeffer, der eigentlich kein Pfeffer ist, gibt es drei verschiedene Sorten.
Schwarzer Pfeffer ist die bekannteste und gebräuchlichste Sorte. Dafür werden die Pfefferfrüchte unreif geerntet und getrocknet. Schwarzer Pfeffer ist etwas schärfer und feuriger als weißer Pfeffer, der aus voll ausgereiften roten Früchten gewonnen wird. Die Pfefferkörner werden vorher geschält und erst dann getrocknet. Sein Geschmack ist etwas feiner, nicht ganz so scharf. Man nimmt ihn vorzugsweise zum Würzen von hellen Saucen und hellem Fleisch.
Grüner Pfeffer besteht aus den unreifen grünen Früchten, die erst in Salzlake eingelegt, dann in einem speziellen Verfahren getrocknet werden. Grüner Pfeffer ist milder im Geschmack und sehr aromatisch. Es gibt ihn entweder eingelegt oder gefriergetrocknet. Mit grünem Pfeffer würzt man Saucen und Fleischgerichte. Besonders köstlich schmeckt Tatar mit grünem Pfeffer.
Und rosa Pfeffer? Rosa Pfeffer ist kein Pfeffer im botanischen Sinne – die rosa Körner sehen Pfefferkörnern nur sehr ähnlich, unterscheiden sich aber geschmacklich ganz erheblich. Sie schmecken ein wenig eigenwillig, leicht nach Terpentin.

Harmonie: Pfeffer verträgt sich mit fast allen anderen Gewürzen. Deshalb ist Pfeffer auch weltweit das am meisten verwendete Gewürz.

Gesundheit: Pfeffer wirkt bakterizid, regt die Verdauungssäfte an und verbessert dadurch die Nährstoffresorption. Außerdem bringt Pfeffer die Durchblutung in Schwung und stärkt die Abwehrkräfte.

Piment

Herkunft: Das Gewürz der Neuen Welt wird vorwiegend in Mittelamerika und Jamaika kultiviert.
Aroma: Sein Aroma ist vielschichtig, eine Mischung aus Zimt, Nelken, Pfeffer und Muskat. Frisch im Mörser zerstoßen, entfaltet Piment sein Aroma am besten.
Ernte: Die dunklen, ovalen Beerenfrüchte hängen an sechs bis zwölf Meter hohen Bäumen und werden unreif geerntet. Vor dem Trocknen in der Sonne läßt man die grünen Beeren einige Tage fermentieren.
Verwendung: Wegen der unterschiedlichen Aromen paßt sich Piment vielen Gerichten an, verleiht ihnen aber immer eine raffinierte Note. Man verwendet Piment zum Würzen von Marinaden, Würsten, Rinder- oder Lammragouts. Er darf auf keinen Fall in Plumpudding, Lebkuchen und Glühwein fehlen. Fertig gemahlen, verliert er rasch sein feines Aroma, weshalb er immer erst kurz vor dem Verwenden im Mörser fein zerstoßen oder frisch gemahlen wird.
Harmonie: Piment harmoniert mit Zimt, Ingwer, Nelken, Orangenschale, aber auch mit Zwiebeln und Knoblauch.
Gesundheit: Piment regt den Appetit und die Verdauung an.

Safran

Herkunft: Seinen Ursprung hat Safran in Vorderasien. Heute wird er in Frankreich, Ostasien und in den Mittelmeerländern angebaut. Der spanische Safran »Mancha« gilt unter Kennern als bester, da nur vier Prozent Blütenreste erlaubt sind.
Aroma: Angenehm aromatisch, etwas herb bis bitter. Das Faszinierende an Safran ist die grandiose Farbentwicklung.
Ernte: Für ein Kilo Safran benötigt man bis zu hunderttausend Krokusblüten. Davon werden jeweils nur drei Blütennarben verwendet, die getrocknet die Safranfäden ergeben. Da die Ernte von Hand erfolgt, gilt Safran als teuerstes Gewürz der Welt.
Verwendung: Farbe und auch Geschmack sind so intensiv, daß man das Gewürz nur in kleinsten Mengen verwendet. Safran muß vor dem Verwenden im heißen Wasser aufgelöst werden. Gerichte wie spanische Paella, Bouillabaisse aus Frankreich oder auch ein arabischer Pilaw sind ohne Safran undenkbar. Im Handel werden Safranfäden und gemahlener Safran in Döschen angeboten.
Harmonie: Safran paßt gut zu Fisch, Meeresfrüchten, Geflügel und Reis.
Gesundheit: Safran beschleunigt die Eiweißverdauung. Appetitanregend.

Senf

Herkunft: Senf ist eine alte Kulturpflanze, die schon in der Bibel erwähnt wird. Mit den Römern kam die Senfpflanze über die Alpen und wurde hier in Klostergärten angebaut. Seitdem ist der aus den Samen hergestellte Senf ein fester Bestandteil unserer Küche.
Aroma: Man unterscheidet zwischen weißen und schwarzen Senfkörnern, wobei die schwarzen Körner würziger und intensiver sind als die weißen, die häufig auch als gelbe Senfkörner bezeichnet werden. In letzter Zeit werden allerdings die schwarzen Senfsamen immer mehr von den Sareptakörnern verdrängt, da sich diese leichter ernten lassen. Sareptakörner sind nicht ganz so scharf wie schwarze Senfkörner, aber würziger als die besonders mild schmeckenden weißen Senfkörner, die vorwiegend im Mittelmeerraum gedeihen. Das Mehl der weißen oder gelben Körner ist die Basis für amerikanischen Tafelsenf und auch für den bayerischen süßen Senf, der allerdings noch mit körnig gemahlenen schwarzen Senfkörnern vermischt wird. Dijonsenf wird aus schwarzen Körnern ohne Schale hergestellt.
Ernte: Von Juli bis September.

Verwendung: In der indischen Küche würzt man gerne mit schwarzen Senfkörnern, die man vorher so lange in Fett röstet, bis sie aufplatzen. So vorbereitet, nimmt man sie als Würze für verschiedene Gerichte. Bei uns denkt bei Senf kaum jemand an Körner, sondern vielmehr an die diversen Senfprodukte, die man aus Senfmehl herstellt. Senf ist ein universelles Würzmittel. Man verfeinert damit warme und kalte Saucen, außerdem paßt er zu fast allen herzhaften Gerichten und ist die typische Würze für Würstchen jeder Art. Wichtig beim Kochen mit Tafelsenf: Durch Kochen verliert Senf seine Schärfe. Deshalb Gerichte immer erst zum Schluß mit Senf abschmecken.
Harmonie: Mit Ingwer, Zitrone, Zwiebeln, Pfeffer und vielen exotischen Früchten.
Gesundheit: Der griechische Philosoph Pythagoras war der Ansicht, daß Senf nicht nur das Essen, sondern auch den Verstand schärft. Die moderne Wissenschaft hat seine Aussage untermauert, indem sie nachgewiesen hat, daß Senf den Kreislauf anregt. Außerdem aktiviert Senf die Darm- und Gallentätigkeit und regt den Stoffwechsel an.

Sichuanpfeffer

Herkunft: Der Sichuanpfeffer,auch Szechuanpfeffer genannt, kommt aus Korea, Nordchina und Japan.
Aroma: Er schmeckt aromatisch-scharf, aber nicht pfeffrig.
Ernte: Sichuanpfeffer ist nicht mit dem Pfeffer verwandt. Er besteht aus den Früchten eines chinesischen Gelbholzbaumes. Geerntet werden die Körner mit Fruchtkapseln und Stielen.
Verwendung: Mit Sichuanpfeffer würzt man vor allem asiatische Gerichte. Außerdem ist er ein fester Bestandteil der Fünfgewürzmischung. Die getrockneten Beeren werden vor dem Gebrauch im Mörser zerstoßen. Wird er vor dem Verwenden trocken angeröstet, erhält er ein noch intensiveres Aroma.
Harmonie: Harmoniert mit vielen asiatischen Gewürzen.
Gesundheit: Zuviel davon schadet dem Magen.

Sternanis

Herkunft: Das dekorative Gewürz ist in China beheimatet.
Aroma: Der Duft von Sternanis ist intensiv-würzig und erinnert an eine Mischung aus Anis und Fenchel; mit feiner Bitternote.
Ernte: Sternanis ist ein immergrüner, etwa zehn Meter hoher Baum. Aus den gelben und roten Blüten entwickeln sich sternförmige Früchte. In jedem der sechs bis acht Zacken des Sterns sitzt ein glänzender ovaler Samen.
Verwendung: Zum Würzen verwendet man nicht nur die Samen, sondern auch die Fruchtschale, in der übrigens das meiste Aroma steckt. Mit Sternanis würzt man bevorzugt Süßspeisen. Vorzüglich schmeckt er in Pflaumenmus, verfeinert aber auch viele fernöstliche Gerichte. Schweine-, Gänse- oder Entenfleisch mit Sternanis gewürzt ist ein vollkommen neues Geschmackserlebnis.
Harmonie: Vorsichtig dosieren und vor allem nicht mit aromaintensiven Gewürzen kombinieren. Gut passen Ingwer, Zimt und Pfeffer.
Gesundheit: Sternanis wirkt schleimlösend, gegen Appetitlosigkeit und lindert Blähungen.

Vanille

Diese Orchideengewächse ranken sich bis zu zehn Meter an den Bäumen der mexikanischen Urwälder hoch. Die wunderschönen Blüten, die sich nur für wenige Stunden öffnen, werden von Kolibris und speziellen Insekten bestäubt.
Etwa dreihundert Jahre lang hatte Mexiko weltweit das Monopol für den Vanilleanbau. Heute wird Vanille auch in anderen tropischen Ländern kultiviert. Aber die Befruchtung der Blüten geschieht dort weniger romantisch und sehr mühsam von Hand.
Doch nicht nur die arbeitsintensive Aufzucht der Früchte – üblicherweise als Schoten bezeichnet –, sondern auch ihre langwierige Fermentation machen Vanille zu einem der teuersten Gewürze der Welt.

Vanilleschoten werden unreif geerntet und fermentiert – erst dadurch erhalten sie ihr Aroma.

Herkunft: Mexiko, Zentral- und Südamerika.
Aroma: Das Mark der Vanilleschote duftet fein aromatisch, leicht blumig und schmeckt etwas süßlich.
Ernte: Die unreif geernteten Vanillekapseln werden einer Fermentation unterzogen, denn erst dadurch entwickeln sie ihr typisches Aroma. Dazu läßt man die Früchte wiederholt in luftdichten Behältern schwitzen und anschließend an der Sonne trocknen. Qualitativ hochwertige Schoten sind biegsam, fest, glänzend tiefbraun bis schwarz.
Verwendung: Mit Vanille würzt man vor allem Süßspeisen, sie bekommen dadurch einen besonders feinen Geschmack. Am intensivsten würzt das Vanillemark, das man aus den Schoten schabt. Traumhaft aromatische Desserts kann man zaubern, wenn man die aufgeschlitzte Vanilleschote und das ausgekratzte Mark in Milch kocht und daraus dann entweder eine süße Vanillesauce oder eine lockere Creme zubereitet. Köstlich sind auch Vanillekipferl, da sich das feine Vanillemark sehr gut mit Zucker verbindet.
Vanillezucker kann man ganz leicht selbst aus Vanilleschoten herstellen. Dafür eignen sich auch Vanilleschoten, die man in Milch gekocht hat. Man trocknet sie, und zerkleinert sie mit dem Zucker in einem Mixer.
Neben Vanilleschoten bietet der Handel auch Vanillezucker, gemahlene Vanille und Vanilleessenz an. Aber aufgepaßt: Vanillinzucker enthält keine echte Vanille, sondern synthetisch hergestelltes Vanillearoma. Vanilleschoten immer in Schraubgläsern aufbewahren und kühl und dunkel lagern.
Harmonie: Vanille verfeinert viele Süßspeisen. Sie harmoniert mit Zimt, Nelken, Kakao, Schokolade und Likören. In Verbindung mit Zucker entfaltet sich ihr Aroma am besten.
Gesundheit: Der zarte, verführerische Duft der Vanille stärkt die Nerven. In ihrer Heimat gilt Vanille als Aphrodisiakum.

Vanilleschoten gehören zu den teuersten Gewürzen der Welt.

Wacholder

Die alten Germanen zogen vor Wacholdersträuchern ihre Kopfbedeckung, um ihre Ehrerbietung zum Ausdruck zu bringen. Sie waren davon überzeugt, daß einem ein Unglück widerfährt, wenn man diesen immergrünen Strauch nicht achtete. Die Beeren des Wacholderstrauches galten lange Zeit als Mittel zur Erhaltung ewiger Jugend. Außerdem sollte Wacholderrauch die Pest vertreiben und gegen Melancholie wirken.

Herkunft: Wacholder liebt Sonne und wächst in Heide- und Gebirgsgegenden der ganzen nördlichen Halbkugel.
Aroma: Die dunklen Früchte schmecken bitter, etwas harzig mit süßlichem Beigeschmack.

Je kleiner, desto würziger: Wacholderbeeren.

Ernte: Wacholderbeeren sind keine Beeren im eigentlichen Sinne, sondern Beerenzapfen, also Scheinbeeren. Sie benötigen zwei Jahre, bis sie reif sind, deshalb hängen an den Sträuchern nebeneinander unreife grüne und reife blaue Früchte. Frisch geerntet, sind Wacholderbeeren blau, getrocknet dunkelbraun bis schwarz.
Verwendung: Je kleiner die Beeren, desto würziger ihr Aroma. Mit Wacholder würzt man Sauerkraut, Wildgerichte und Marinaden. Aus Wacholder werden auch berühmte Schnäpse gemacht, wie etwa Gin, Genever und Steinhäger. Ihr volles Aroma entfalten Wacholderbeeren erst, wenn man sie vor der Verwendung zerdrückt.
Harmonie: Wacholder harmoniert gut mit Thymian, Lorbeer, Majoran und Knoblauch.
Gesundheit: Wacholder regt den Appetit und die Darmtätigkeit an. Da Wacholder schweiß- und harntreibend wirkt, verordnet man bei Nieren- und Blasenleiden häufig Wacholdertee.

Zimt

Der Handel mit dem verführerisch duftenden Zimt blühte schon im Altertum. Um die Geschäfte anzukurbeln, erfanden Händler die geheimnisvollsten Geschichten. So erzählte man sich, daß im Reich der Königin von Saba mit Zimt eingeheizt wurde, damit sich die Menschen am Rauch berauschten. Wenn man heute an den verlockenden Zimtduft zur Weihnachtszeit denkt, kann man dieser Geschichte sicherlich ein wenig Glauben schenken.

Herkunft: Zimt kommt aus Südostasien.
Aroma: Zimt riecht sehr aromatisch, etwas süßlich, leicht blumig und würzig.

Zimtstangen bergen verlockende Düfte.

Ernte: Zimt ist die Rinde der dünnen Zweige des bis zu zwanzig Meter hohen Zimtbaumes. Sie wird von Hand abgelöst und rollt sich durch Trocknen von beiden Seiten auf.
Verwendung: Zimt ist im Handel als Stangenkaneel oder Zimtpulver erhältlich. Je dünner die Stangen, desto besser die Qualität. Man unterscheidet zwischen Ceylon-Zimt oder Kassia-Zimt (Seite 64). Ceylon-Zimt ist sehr aromatisch. Die Stangen sind kleiner und heller in der Farbe als die vom nicht ganz so hochwertigen Kassia-Zimt. Mit Zimt würzt man Gebäck, Kuchen, Mehl- und Süßspeisen. Zimt verleiht Bratäpfeln seinen verführerischen Duft, und was wären Punsch oder Glühwein ohne Zimt? Eine Prise Zimt verzaubert aber auch Fleischeintöpfe oder Fleischsugo zu Pasta.
Harmonie: Mit Gewürzen wie Vanille, Nelken, Muskat und Zitrusschale harmoniert Zimt natürlich ganz besonders.
Gesundheit: Der feine Duft macht Appetit. Außerdem wirkt Zimt bei Völlegefühl, Magenbeschwerden und Magen-Darm-Störungen.

Alles in einem: Gewürzmischungen

Fremdländische Küchen sind in: Pizza aus Italien, Paella aus Spanien, Chili con carne aus Mexiko, Fleisch- oder Fischcurrys aus Indien und nicht zu vergessen die unzähligen asiatischen Klassiker aus dem Wok, die mit unterschiedlichen landestypischen Gewürzen abgeschmeckt werden. Da man diese Gerichte nur dann und wann zubereitet, lohnt es sich meist nicht, die einzelnen Gewürze dafür zu kaufen. Eine fertige Mischung ist deshalb für die meisten Hobbyköchinnen und -köche eine echte Alternative.

Meister der Gewürzmischungen

Indien ist nicht nur das Ursprungsland der meisten Gewürze – wie kein anderes Volk verstehen es die Inder auch, die verschiedenen Gewürze miteinander zu kombinieren. Die berühmtesten Gewürzmischungen kommen deshalb aus Indien. Sie werden heute bei uns kopiert und abgepackt auf den Markt gebracht. Aber kaum eine Mischung ist vergleichbar mit dem, was man im Lande selbst serviert bekommt. Denn die Rezepte dafür werden in Indien von Generation zu Generation weitergegeben. Der oberste Grundsatz lautet: Keines der Gewürze darf hervorschmecken, sie müssen eine harmonische Einheit bilden. Für optimalen Geschmack wird jede Mischung erst kurz vor dem Verwenden zubereitet.

Fernöstliche Gewürzmischungen

Neben der berühmtesten indischen Gewürzmischung, dem **Curry** ③ (siehe Seite 60), schätzt man mittlerweile auch **Garam masala** ②, was soviel bedeutet wie »warme Mischung«. Diese Komposition aus bis zu dreizehn Gewürzen soll den Körper erwärmen. Unter anderem findet man darin Kreuzkümmel, Zimt, Nelken, Koriander, Muskat, Kardamom, Lorbeerblätter, manchmal Bockshornklee sowie Chili.

Panch phoron ⑤ ist eine bengalische Gewürzmischung, die aus Kreuzkümmel, Fenchel, Bockshornklee, schwarzen Senfkörnern und Schwarzkümmel besteht. Panch phoron bekommt man in Spezialgeschäften für asiatische Küche. Man kann es aber auch selber mischen und damit vor allem Gerichte mit Hülsenfrüchten und Gemüse würzen.

Die **Fünfgewürzmischung** ⑦ wird viel in der chinesischen Küche verwendet. Sie besteht aus Sternanis, Sichuanpfeffer, Kassie oder Ceylon-Zimt, Fenchel und Nelken. Man bekommt es als Pulver in gut sortierten Supermärkten und natürlich in Feinkost- und Asiengeschäften. Noch würziger wird jedes Gericht, wenn man sich die Mischung selber zubereitet und bei Bedarf frisch mahlt. China-Würzmischungen bieten die meisten Gewürzhersteller an. Sie enthalten u. a. Koriander, Kurkuma, Ingwer und Sternanis. Wie Curry sollte man diese Mischungen immer im heißen Fett mit anrösten, damit sich ihr Aroma entfalten kann. Sie eignen sich nicht für Salate oder kalte Saucen.

Weitere internationale Mischungen

Groß im Trend liegt die **mexikanische Gewürzmischung** ⑥. Sie wird zum Würzen von Tortillas, Tacos, Chili con carne oder auch zum Grillen von Fleisch verwendet. Natürlich gibt es ganz spezielle Mischungen zum Würzen von Tacos, Salsa Mexicana, Guacamole und vielen anderen Tex-mex-Gerichten.

Für die Fans der griechischen Grillspezialität Gyros hält der Handel natürlich ebenfalls ein gemischtes Gewürzsalz bereit.

Lange schon auf dem Markt sind spezielle **Pizzagewürze** ①, meist Mischungen aus Knoblauch, Majoran, Pfeffer, Oregano, Thymian, Zwiebeln, Anis und Salz, sowie Gewürzmischungen für Wildgerichte, die sich natürlich in erster Linie aus Lorbeer, Wacholderbeeren, Piment, Ingwer, Orangenschale und Pfeffer zusammensetzen. Es gibt sogar Würzmischungen für Brathähnchen, Fischgerichte, Gulasch oder Hackfleischgerichte.

Viele, sehr unterschiedliche Würzmischungen werden auf Pfefferbasis hergestellt. Beliebt sind der fruchtige Orangen- oder **Zitronenpfeffer** ④. Mit ihren Fruchtschalen sorgen sie für Raffinesse, etwa bei Hühnerragout. Aber auch bunten Pfeffer, eine Mischung aus schwarzem, weißem und grünem Pfeffer, Knoblauch, Sellerie oder Zwiebeln kann man in jedem Gewürzregal finden. Wer gerne kocht und Lust zum Experimentieren hat, kreiert am besten seine eigenen Mischungen und zerkleinert sie bei Bedarf frisch.

1
2
3
4
5
6
7

Jeder Tropfen Aroma pur

Erfinder der flüssigen Würzsauce waren die Chinesen. Schon seit Jahrhunderten würzen sie ganz selbstverständlich mit Sojasauce. In Europa begann man sich erst im 18. Jahrhundert für Würzsaucen zu interessieren. Vorneweg waren die Engländer, die durch ihre Kolonien nicht nur die Gewürze, sondern auch die daraus hergestellten Pasten und Saucen kennenlernten.
Der Siegeszug der Flüssigwürzen im deutschsprachigen Raum begann vor gut hundert Jahren, als der Schweizer Julius Maggi aus eiweißreichen Pflanzen eine flüssige Speisewürze entwickelte. Die nach ihrem Erfinder benannte Flüssigwürze ist auch heute noch ein beliebtes Würzmittel.

Würzsaucen auf Sojasaucenbasis
Sojasauce, die bekannteste Würzsauce, entsteht aus gekochten Sojabohnen und Weizen, die man mit einer Schimmelpilzkultur impft. Nachdem der Gärprozeß eingesetzt hat, werden Salz und Wasser hinzugefügt. Diese Mischung läßt man etwa zwei Jahre in Holzfässern reifen. Anschließend wird die Sauce gefiltert und abgefüllt.
In China gibt es hauptsächlich zwei Sorten: eine **helle Sojasauce** ① für Fisch, Gemüse und Suppen und eine **dunkle Sojasauce** ②, die salziger ist und mit der man vor allem Fleisch würzt. Die dunkle Farbe kommt von der längeren Reifezeit.
Im Unterschied zur chinesischen Sojasauce enthält die japanische mehr Weizen, sie reift ein bis eineinhalb Jahre. Sie ist nicht ganz so salzig wie die chinesische und leicht süßlich im Geschmack.
Teriyaki-Sauce ③ wird aus natürlich gebrauter Sojasauce gemacht und mit Wein, Essig, Zucker und Gewürzen verfeinert. Man nimmt sie gerne für Marinaden und Grillgerichte. Die Sukiyaki-Sauce ist ebenfalls eine weiterentwickelte Sojasauce, abgeschmeckt mit Zucker und Reiswein.
Ganz typisch für die asiatische Küche ist die Hoisin-Sauce, eine dickflüssige, rotbraune Sauce aus roter Bohnenpaste und pikant gewürzt mit der Fünfgewürzmischung und Chilis.
Fischsaucen ④ sind in der asiatischen Küche ein weiteres wichtiges Würzmittel. Am bekanntesten ist die **Austernsauce** ⑤, mit angenehmem, nicht zu penetrantem Fischgeschmack. Sie wird aus Austernextrakt, Salz und Wasser zubereitet und mit Maisstärke und Karamel versetzt.
Chinesische Grillsauce ⑥ ist eine dickflüssige Sauce aus getrockneten Fischen, Garnelen, Erdnüssen, Chilis und Gewürzen. Ideal zum Verfeinern von pfannengerührten Gerichten.
Garnelenpaste, »Gapi« genannt, benötigt man unbedingt für thailändische Gerichte. Es ist eine cremige Paste, hergestellt aus sonnengetrockneten Garnelen und Salz.

Würzsaucen mit Chili

Lange bevor Kolumbus Amerika entdeckte, bereiteten die Indianer feurig scharfe Saucen mit Chili zu. Heute liebt man **Chilisaucen** ⑦ überall auf der Welt. Für alle, die es höllisch scharf mögen, bietet der Markt die unterschiedlichsten Chilisaucen an. Alle werden sie aus zermahlenen Chilischoten zubereitet, mit Salz, Essig und Gewürzen abgeschmeckt und häufig mit Maisstärke angedickt. Anders ist es mit dem flüssigen **Tabasco** ⑧. Dafür werden die Chilischoten zu einem Brei vermahlen und gesalzen. Nach drei Jahren Lagerung in Eichenfässern wird die Masse mit Essig abgeschmeckt, gefiltert und in Flaschen abgefüllt. Von der lange haltbaren Sauce reicht meist ein Tropfen, um für die nötige Schärfe zu sorgen.

Sambal und Sambal oelek sind würzige, sehr scharfe Pasten aus zerstoßenem, mit Salz konserviertem Paprika. Die schärfste Variante ist **Sambal oelek** ⑨, etwas milder ist das mit Zucker abgerundete Sambal manis. Eine Messerspitze sorgt schon für höllische Schärfe.

Salsa ⑩ ist zwar die mexikanische Bezeichnung für Sauce, aber man versteht darunter immer eine Sauce auf Tomatenbasis, pikant gewürzt mit Chilis, Koriandergrün und Zwiebeln.

Ketchup ⑪ hat wie keine andere Sauce die Herzen, beziehungsweise Gaumen von Kindern und Jugendlichen erobert. Die auf Tomatenbasis hergestellte Sauce ist nicht nur zu Pommes oder Hamburger beliebt, man kann mit etwas Ketchup so manche Sauce geschmacklich abrunden. Ketchup gibt es von süßlich-aromatisch bis extrem scharf.

Mit **Worcestersauce** ⑫, der dunkelbraunen Flüssigwürze aus England, werden viele Gerichte auf der ganzen Welt gewürzt. Das Originalrezept ist ein streng gehütetes Geheimnis, aber die wichtigsten Zutaten werden offengelegt: Walnuß- und Pilzwürze, Essig, Sherry und Brandy, Sojasauce, Salz, Zucker, Tamarindenmus, Karamel, Schweineleber und Anchovis. Diese Zutaten werden in Essig gekocht, der Sud wird gefiltert und gewürzt. Anschließend muß die Sauce sechs Monate reifen. Worcestersauce (sprich: Wustersoße) ist fast unbegrenzt haltbar.

Ebenfalls aus England kommt die scharfe HP-Sauce, die aus Malzessig, Melasse, Fruchtauszügen und Gewürzen besteht. Sie paßt gut zu dunklem Fleisch und zum Würzen von Hackfleisch.

Wasabi ⑬, der Sushi-Begleiter, kommt aus Japan und wird aus einer Wurzel gewonnen. Bei uns ist es vorwiegend in Pasten- oder Pulverform erhältlich. Das Aroma ist feurig scharf und beißend, vergleichbar mit Meerrettich. Das Pulver muß im Wasser zehn Minuten quellen, damit sich das Aroma entfaltet.

Harmonisch vereint

Essen ohne Gewürze ist wie eine Blume ohne Duft. Die Vielzahl an Gewürzen und völlig unterschiedlichen Aromen bieten ein breites Spektrum an Kombinationsmöglichkeiten. Auch wenn einem die Gewürze teilweise noch fremd sind – einfach loslegen! Dabei sollte man jedoch berücksichtigen, daß weniger oft mehr ist. Nachwürzen ist leichter, als ein überwürztes Essen wieder genießbar zu machen. Außerdem kommen die meisten Gewürze besser zur Geltung, wenn man nicht zu viele verschiedene Aromen miteinander vermischt. Dabei passiert es leicht, daß ein Gewürz das andere völlig übertönt oder sich die Gewürze nicht vertragen. Aber mit ein wenig Mut und einer Prise Phantasie kann eigentlich nichts schiefgehen.
Zur Anregung hier einige bewährte Kombinationen.

Frisch geriebener Ingwer harmoniert mit Schokolade, Sellerie und exotischen Früchten.
Das fruchtig-scharfe Aroma des frisch geriebenen Ingwers macht aus einer einfachen Schokoladencreme ein wirklich raffiniertes Dessert. Köstlich schmeckt auch Selleriepüree mit Ingwer oder ein exotischer Fruchtsalat, der mit einem Hauch Ingwer verfeinert wird.

Vanille kommt mit Zucker vermischt ganz groß raus. Sie paßt aber auch zu Eiern und Milch.
Besonders lecker schmecken Kipferl von einem Vanillezuckermantel umhüllt. Ein Beweis dafür, wie gut das feine und aromatische Vanillemark mit Eiern, Milch und Sahne harmoniert, ist Bayerische Creme.

Zimt oder Kassie verfeinert Backobst-Kompott ebenso wie Fleischgerichte und Glühwein.
Fleisch- oder Lammragout mit einer Prise gemahlenem Zimt gewürzt ist ein echtes Geschmackserlebnis. Zimtstangen eignen sich aber auch vorzüglich zum Aromatisieren von Glühwein oder Dörrobst, wie Aprikosen und Pflaumen.

Gewürznelken sind ein Muß in Lebkuchen und geben auch Schweinebraten eine besondere Note.
Das intensive Aroma der Nelken muß wohldosiert werden. Kleinste Mengen reichen aus, um Lebkuchen ihren typischen Geschmack zu verleihen. Mit Nelken gespickter Schweinebraten ist eine köstliche Abwechslung. Und Zwiebeln mit Nelken gespickt verfeinern Brühen.

Frisch geriebene Muskatnuß verfeinert Kartoffelpüree und verschiedene Gemüsesorten.
Eine Prise Muskatnuß verleiht nicht nur Kartoffelpüree, sondern auch so mancher Gemüsesorte – ganz besonders Rosenkohl, Blattspinat und Blumenkohl – erst Pfiff. Damit das Aroma nicht verduftet: erst kurz vor Ende der Garzeit würzen.

Safran, das königliche Gewürz, veredelt feine Reiskörner ebenso wie Fisch und Geflügel.
Nicht nur die wunderschöne goldgelbe Farbe, sondern auch das feine Aroma des Safrans machen aus Reis einen Gaumenschmaus – siehe Paella. Traumhaft schmecken auch mit einigen Safranfäden verfeinerte Fisch- oder Geflügelgerichte.

Kümmel unterstreicht den Eigengeschmack von Sauerkraut, Kartoffeln und Zwiebeln.
Kümmel fördert die Bekömmlichkeit und paßt deshalb vor allem zu schwerer verdaulichen Speisen. Was wären Sauerkraut, Bratkartoffeln oder ein Zwiebelkuchen ohne das unverwechselbare Aroma von Kümmel.

Anis, namens- und geschmacksgebende Würze der Anislaibchen, paßt auch zu Meeresfrüchten.
Im Mörser zerstoßen und mit Olivenöl vermischt ist Anis eine raffinierte Marinade für Meeresfrüchte. Anis verfeinert Brote oder Gebäck und sorgt für eine interessante Note bei Tomatensaucen und Gemüsegerichten.

Chilis sorgen für Schärfe bei roten und schwarzen Bohnen, Avocados und Ziegenfrischkäse.
Mit den kleinen Scharfmachern muß man vorsichtig umgehen. Zuviel des Guten und das Gericht wird ungenießbar. In kleinen Mengen sind die roten Schoten aber das i-Tüpfelchen bei vielen Gerichten, z. B. Guacamole oder in Öl eingelegtem Ziegenkäse.

Lorbeerblätter passen zu vielen Gerichten – besonders gut zu Tomaten, Fischen und Beizen.
Ein frisches Lorbeerblatt reicht aus, um einer Beize würziges Aroma zu verleihen. Unglaublich raffiniert schmecken mit frischen Lorbeerblättern gegarte Fische, und Tomatensugos bekommen durch ein mitgeschmortes Lorbeerblatt ein interessantes Aroma.

Frisch zerkleinert – dem Aroma zuliebe

Für Kräuter wie Gewürze gilt: Ob hacken, zerdrücken, mahlen oder zerschneiden – wichtig ist, daß die schützende Oberfläche zerstört wird, damit sich unter Sauerstoffeinwirkung die typischen Aromen entfalten können. Am besten ist es, Kräuter und Gewürze immer erst vor dem Verwenden zu zerkleinern. Welches Werkzeug sich für das jeweilige Kraut oder Gewürz am besten eignet, muß jeder für sich entscheiden. Auf jeden Fall sollte man beim Kauf auf gute Qualität achten, gleichgültig, ob Mühle, Mörser oder Messer.

Mörser ①
Wer gerne mit Gewürzen und Kräutern kocht, sollte unbedingt einen Mörser in der Küche haben. Es gibt sie aus Stein, Porzellan, Glas und Metall. Die Materialwahl bleibt dem persönlichen Geschmack überlassen. Der Mörser sollte aber unbedingt einen hohen Rand haben, denn die kleinen Gewürzkugeln springen beim Zerstoßen leicht heraus. Der Stößel sollte nicht zu klein sein und gut in der Hand liegen. Meist geht das Zerkleinern einfacher, wenn man etwas Salz hinzufügt.

Gewürzmühlen ②
Sie funktionieren wie Pfeffermühlen. Es gibt heute Mühlen, die sich für alle Gewürze eignen. Sie sind leicht auffüllbar und verfügen über ein perfekt funktionierendes Mahlwerk. Ideal ist es, wenn der Gewürzbehälter aus Glas ist, damit man ihn gut säubern kann. Wer gerne mit Gewürzen kocht, sollte stets verschiedene Gewürzmühlen griffbereit in der Küche haben.

Pfeffermühle ③
Sie darf in keinem Haushalt fehlen. Am besten ist eine hochwertige Mühle mit gehärtetem Stahlmahlwerk. Billige Mühlen gehen nicht nur rasch kaputt, das Mahlwerk verklebt auch schnell, dadurch geht viel Aroma verloren. Wichtig ist, daß die Mühle leicht zu handhaben, zu füllen und zu reinigen ist.

Muskatreibe ④
Diese sehr feine Reibe wurde speziell für die harten Muskatnüsse entwickelt. Man sollte sie unbedingt im Haus haben, denn nur frisch gerieben kommt das unvergleichliche Aroma der Nüsse voll zur Geltung.

Wiegemesser oder Messer ⑤
Ob man zum Zerkleinern von frischen Kräutern ein Wiegemesser oder ein großes Messer benützt, ist Ansichtssache. Man sollte das Werkzeug wählen, mit dem man gut zurecht kommt. Entscheidend ist, daß die Griffe gut in der Hand liegen und die Klingen scharf sind.

Küchenschere
Manche Kräuter lassen sich auch gut mit der Küchenschere schneiden, vor allem Schnittlauch.

Kräutermühle ⑥
Anstelle eines Wiegemessers schwören einige Kräuterfans auf die Kräutermühle. Der Vorteil ist, daß man die Kräuter direkt über den Salat »mahlen« kann. Sobald die kleinen Messer aber unscharf sind, werden die Kräuter mehr gequetscht als gehackt, und dabei leidet das Aroma.

Knoblauchpresse ⑦
Mit Hilfe einer Knoblauchpresse werden geschälte Knoblauchzehen sehr fein zerdrückt. Ideal sind Pressen mit herausnehmbaren Sieben. Sie sind leichter zu reinigen.

Echte Knoblauchliebhaber bevorzugen allerdings ein breites Messer und ein Küchenbrett, möglichst aus Kunststoff. Die geschälten Zehen werden dann einmal durchgeschnitten, mit Salz bestreut und mit der Querseite des Messers zerdrückt.

Ingwerreibe ⑧
Für Ingwer gibt es spezielle Reiben, die man in Asienläden bekommt. Sie sehen aus wie Muskatreiben, sind allerdings flacher und aus Metall oder Kunststoff. Man kann für Ingwer aber auch eine feine Rohkostreibe hernehmen.

Blitzhacker oder Mixer ⑨
Natürlich geht es schnell, vor allem wenn man eine große Menge Kräuter hacken will, z. B. für ein Pesto oder eine Kräutersauce, aber aromatischer wird das Ergebnis, wenn man die Kräuter mit Messer oder Wiegemesser fein hackt. Durch die schnelle Rotation in den elektrischen Geräten werden die Zellwände der Kräuter stark beschädigt, und es tritt mehr Gewebeflüssigkeit aus, als dies bei manueller Bearbeitung geschieht. Negativ wirkt sich diese Bearbeitung bei Knoblauch aus: Er bekommt einen bitteren, penetranten Beigeschmack. Wer vollen Kräuter- oder Knoblauchgeschmack möchte, sollte richtig Hand anlegen – die Mühe lohnt sich.

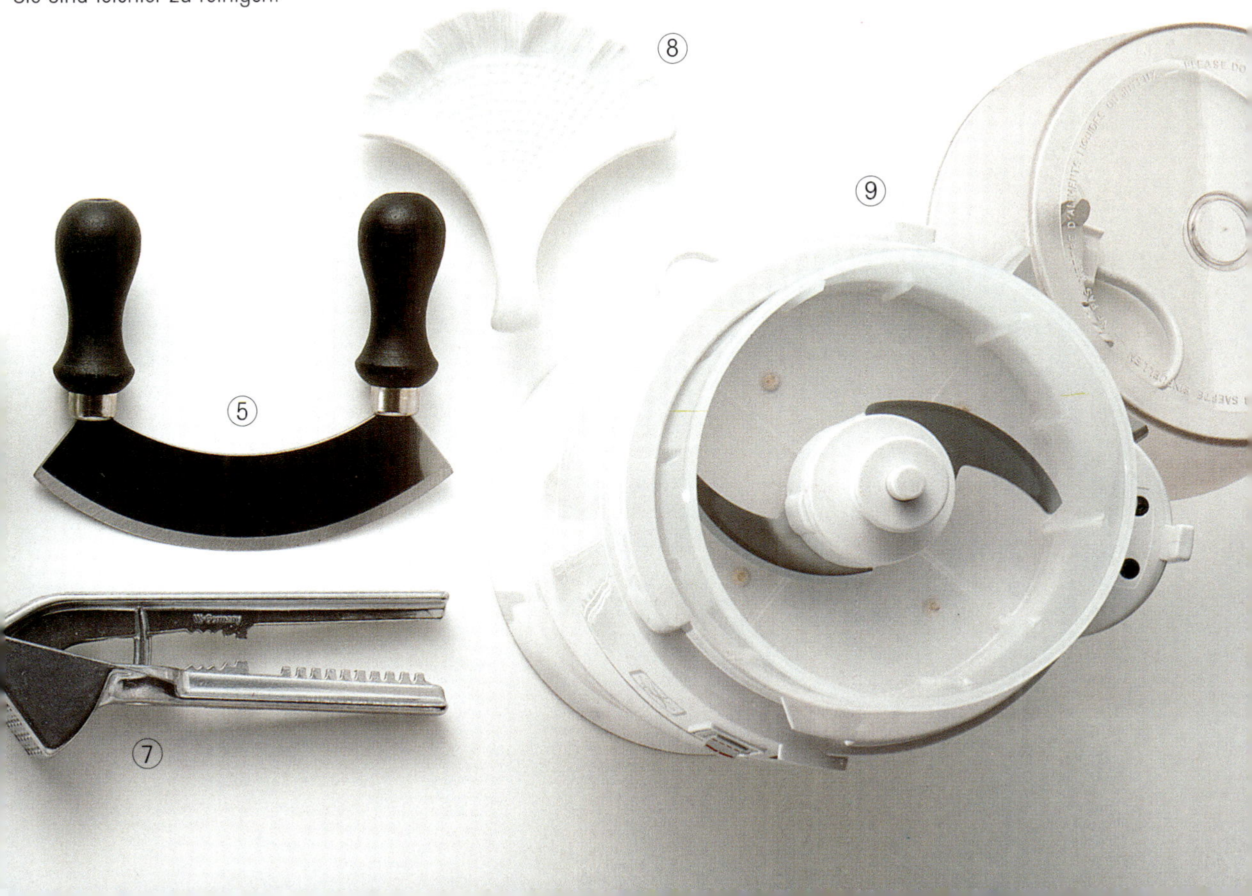

Aromatische Kräuterküche

Kräutersuppen
Sie werden aus einer Mischung frisch gehackter Frühlingskräuter oder nur einem Kraut, wie Kerbel, Bärlauch oder Sauerampfer, zubereitet.

Spaghetti mit Pesto
Ein Klassiker der italienischen Küche. Pesto ist eine Mischung aus Basilikum, Knoblauch, Salz, Olivenöl und Pecorino oder Parmesan.

Dillsauce mit Fisch
Fein geschnittener Dill aromatisiert eine warme, aufgeschlagene Fischsauce ebenso wie eine kalte Sauce auf Milchbasis.

Kräuterquark mit Pellkartoffeln
Frisch gehackte Kräuter und etwas Salz in Sahnequark – mit Pellkartoffeln eine wunderbare Mahlzeit. In der kräuterarmen Zeit frische Kräuter durch gefriergetrocknete oder Tiefkühlkräuter ersetzen.

Schnittlauchbrot
Herzhaftes Bauernbrot, frische Butter und reichlich fein geschnittener Schnittlauch – das schmeckt nicht nur in bayerischen Biergärten.

Tomaten mit Mozzarella, Basilikum und Olivenöl
Der Sommerhit nicht nur in Italien, und das seit vielen Jahren. Kaum eine andere Kombination mit Kräutern ist derart bekannt.

Huhn mit Estragon
Der feinwürzige Estragon harmoniert hervorragend mit zartem Geflügelfleisch. Nur mit frischem oder gefriergetrocknetem Estragon zubereiten und diesen vor allem erst zum Schluß dazugeben.

Dorade mit frischem Fenchel
Das an Anis erinnernde Kraut ist eine ideale Würze für Seefische. Am besten den Fisch mit Fenchelkraut belegen, mit Olivenöl beträufeln und in Alufolie verpackt garen.

Pfannengerührtes Gemüse und Fisch mit frischem Koriander
Das fernöstliche Kraut verleiht pfannengerührtem Gemüse und Fisch eine exotische Note. Koriandergrün ist für europäische Gaumen gewöhnungsbedürftig. Deshalb anfangs sparsam damit umgehen, später erhöht man die Menge ohnehin.

Béchamelkartoffeln
Das sind mit reichlich Petersilie gewürzte aromatische Kartoffelscheiben in cremiger Sahnesauce. Ein einfacher Genuß vom Feinsten.

Lammbraten mit Rosmarin, Thymian und Knoblauch
In allen Ländern rund ums Mittelmeer liebt man dieses Gericht, denn es bildet die perfekte Harmonie.

Saltimbocca
Dünne Kalbsschnitzel, hauchdünn geschnittener Parmaschinken, frische Salbeiblätter und ein Schuß Marsala, das sind die Zutaten für ein leichtes italienisches Sommergericht.

Bunter Bohnensalat mit frisch gehacktem Bohnenkraut
Frische grüne Bohnen, weiße, rote und schwarze Bohnen, mariniert in einer würzigen Vinaigrette mit reichlich gehacktem Bohnenkraut. Ein idealer Sommersalat.

Schokoladencreme mit Minze
Fein geschnitten, verleiht frische Minze üppiger Schokoladencreme eine interessante, erfrischende Note.

Verführerische Gewürzküche

Möhrensuppe mit Curry
Curry macht aus einem eher alltäglichen Süppchen ein kulinarisches Highlight.

Hühnersuppe mit Curry und Kokos
Hühnerbrühe mit Sahne verfeinern und mit Curry und Kokos raffiniert abschmecken. Wer es üppiger möchte, reichert die Suppe mit Hühnerfleisch an.

Avocadocreme mit Chili
Fein zerdrückte vollreife Avocados, vermischt mit Frischkäse und mit Knoblauch und Chili gewürzt, das ist der klassische Dip der Tex-Mex-Küche, aber auch ein herrlicher Brotaufstrich.

Penne all'arrabbiata
Schnell und umwerfend – für die Schärfe sorgen Chilis und für das würzige Aroma Knoblauch und Tomaten.

Bami-goreng
Ein typisch asiatisches Gericht mit Nudeln, Hähnchenfleisch, feinen Streifen von Eierkuchen und Gewürzen, wie Sambal oelek, Ingwer, Curry und Sichuanpfeffer.

Kartoffelpüree mit Muskat
Eine klassische Kombination, die einfach unschlagbar ist. Kartoffelpüree unbedingt mit Sahne oder Butter verfeinern und Muskat erst zum Schluß hinzufügen.

Risotto alla milanese
Ausgewählter Risottoreis mit Mark, Kalbsbrühe und Safran zubereitet. Die klassische Beilage zu Ossobuco, schmeckt aber auch solo.

Pfeffersteak
Die Mischung aus grünen und schwarzen Pfefferkörnern verleiht dem Filetsteak die nötige Schärfe. Abgerundet wird alles mit Crème fraîche und Butter. Ein Hochgenuß.

Schweinebraten mit Nelken
Dafür die Schwarte rautenförmig einschneiden und Nelken dazwischenstecken. Sehr gut auch, wenn man ihn zusätzlich mit Backobst füllt.

Currys
Darunter versteht man alle pikanten Mischungen aus Fleisch, Fisch oder Gemüse, herzhaft und üppig gewürzt mit Curry und in einer scharfwürzigen Sauce zu Reis serviert.

Chili con carne
Der berühmte mexikanische Bohneneintopf wird mit reichlich Chili gewürzt. Chili con carne ist ein ideales Gericht für größere Partys, da es sich gut vorbereiten läßt. Seine Schärfe und die Bohnen bilden eine gute Grundlage für den feucht-fröhlichen Abend.

Gulasch
In Ungarn heißt das unvergleichliche Gericht Pörkelt. Es besteht aus Rindfleisch, Zwiebeln und natürlich reichlich Paprika – edelsüß und rosenscharf. Wer es noch schärfer möchte, fügt etwas Cayennepfeffer hinzu.

Eier in Senfsauce
Helle Béchamelsauce mit feinem Dijonsenf verfeinert, dazu hartgekochte Eier – eine typisch deutsche Spezialität.

Zimtsterne
Was wäre Weihnachten ohne die Zimtsterne. Eine süße Leckerei, die nur aus Baisermasse, gemahlenen Nüssen und Zimt besteht.

ARCHIV FÜR KUNST UND GESCHICHTE BERLIN 6 oben, 10 oben u. unten, 11, 47 Mitte u. rechts, Umschlagrückseite links obe **ARTOTHEK** 50 oben; **Bavaria Bildagentur/Picture Crew** 34 rechts; **Foto Strenger** 18; **GBA/GPL** 6 Mitte, 14 oben, 15 oben, 24 links oben, 27 oben, 35 Mitte, Umschlagrückseite links 2. von oben; **Club Feinkost** 19 (Gläser), 53 unten; **FoodPhotogra Eising** Titelfoto, 42/43, 76/77 Hintergrund, 77, 78/79, 80/81, 82/83; **Hansmann, Kulturgeschichtliches Bildarchiv** 7 oben, 46/47 oben, 48 oben u. unten, 49, Umschlagrückseite rechts oben; **The Image Bank** 12 oben; **The Image Bank/Rita Maas** 54 oben, Umschlagrückseite rechts 3. von oben; **Paap, Uwe** 51; **PICTOR International** 46/47 Hintergrund, 52, 54/55 Hintergrund; **Reinhard, Hans** Vor- und Nachsatz, 4/5, 6 unten, 6/7 Hintergrund, 8/9, 13 Hintergrund, 16 oben, 17 links, 22 oben u Hintergrund, 23 oben u. Mitte, 24 rechts, 25 Mitte u. rechts, 26 oben, 26/27 Hintergrund, 27 unten, 28 oben, 28/29 Hintergrund, 30 unten, 31 Mitte, 32 oben, 32/33 Hintergrund, 33 unten, 34 links, 34/35 Hintergrund, 36 oben, 37 oben, 38 oben links u. rechts, 38/39 Hintergrund, 39 oben, 40 oben, 40/41 Hintergrund, 41 links u. rechts, 59 Hintergrund, 64 rechts, 64/65 Hintergrund, 65 links u. Mitte, 67 oben, 70 oben, 72 Mitte, Umschlagrückseite links 3. u. 4. von oben; **Reinhard, Nils** 36/37 Hintergrund, 69 oben; **Ruckszio, Manfred** 14 unten, 18/19 Hintergrund, 23 unten rechts, 25 links, 30 oben, 31 links, 35 links u. rechts, 37 unten, 41 Mitte, 61 unten; **Stockfood/Harry Bischof** 59, 60 oben, 70 unten, 75 oben, 85 rechts; **Stockfood, Stephan Clauss** 33 oben, 44/45, 51 Hintergrund; **Stockfood/Susie Eising** 26 unten, 36 unten, 58 unten, 84 links; **Stockfood/S.&P.Eising** 60 unten, 61 oben, 63 unten, 64 links, 71 oben, 72 links u. rechts, 73 links, 74 unten, 75 unten, 84 Mitte, Umschlagrückseite rechts unten; **Stockfood/Bernd Euler** 68 oben; **Stockfood/Ulrike Köb** 58 oben, 65 rechts, 84 rech **Stockfood/Studio Losito** 7 unten, 56/57; **Stockfood/Chris Meier** 85 links; **Stockfood/Martina Meuth** 63 oben; **Stockfood/ Sabine E. Rieck** 62 unten; **Stockfood/Rosenfeld Images LTD** 20/21, 24 Mitte u. unten, 68/69 unten, 71 Hintergrund, 73 recht **Stockfood/Bodo A. Schieren** 68 unten; **Stockfood/Maximilian Stock LTD** 50 unten, 67 unten; **Stockfood/TH Foto-Werbung** 62 oben, 64 Mitte, 72/73 Hintergrund, 73 Mitte; **Stockfood/Visa/Vasseur** 74 oben; **Stockfood/Friedrich Wondrasch** 85 Mitte; **Stockfood/Zabert Sandmann** 12 unten, 14/15 Hintergrund; **Strauß, Friedrich** 29 oben, 31 rechts, 34 Mitte; **Ullstein/ Manfred Braunger** 52/53 Hintergrund; **Ullstein/Hubertus Kanus** 53 oben, Umschlagrückseite rechts 2. von oben, 7 Mitte.